Max Weber

西方著名法哲学家丛书（第一辑）

吕世伦　徐爱国 主编

哈贝马斯：
协商对话的法律

任岳鹏◎著

黑龙江大学出版社
HEILONGJIANG UNIVERSITY PRESS

图书在版编目（CIP）数据

哈贝马斯：协商对话的法律 / 任岳鹏著． -- 哈尔滨：黑龙江大学出版社，2009.6（2021.8重印）
（西方著名法哲学家丛书．第1辑 / 吕世伦，徐爱国主编）
ISBN 978-7-81129-165-0

Ⅰ．哈… Ⅱ．任… Ⅲ．哈贝马斯 J．－法哲学－研究
Ⅳ．D90

中国版本图书馆 CIP 数据核字（2009）第 090099 号

哈贝马斯：协商对话的法律
HABEIMASI：XIESHANG DUIHUA DE FALÜ

任岳鹏　著

责任编辑　　孟庆吉
出版发行　　黑龙江大学出版社
地　　址　　哈尔滨市南岗区学府三道街 36 号
印　　刷　　三河市春园印刷有限公司
开　　本　　880 毫米 ×1230 毫米　1/32
印　　张　　6.75
字　　数　　170 千
版　　次　　2009 年 6 月第 1 版
印　　次　　2022 年 1 月第 2 次印刷
书　　号　　ISBN 978-7-81129-165-0
定　　价　　39.80 元

本书如有印装错误请与本社联系更换。

总 序

　　人类的法律文化或法律文明,可以区分为法律制度和法律思想两大载体。法律是硬结构,法律思想是软结构。历史地看,它们共生并相互渗透和依存。比较而言,法律制度通常趋向于稳定和迟滞,而法律思想则显得敏锐和活泼。由于此缘故,一个时代的法律文化变迁,总不免表现为法律思想为先导,法律制度随之产生或变革。

　　中国为古老文明的大国,原本有自己独到的法律传统,也有自己的法律思维范式。临到清末,在西方列强的入侵和文化的冲击下,中国法律文化传统出现断裂,开始发生历史性的转型。早些时候,中国人学习日本,而日本的法律又来自于西方的德国。晚些时候又学习前苏联的法律,中国法律传统又增添了社会主义法律的色彩。这样一来,我们现今的法律同时是中国传统法律、西方自由主义法律和社会主义法律的混合体。反过来也可以说,我们的法律既欠缺中国传统,也欠缺东洋(日本)和西洋(欧美)的法律传统。法律职业者们所学和所用的是西方的法典,而要解决的则是中国社会本身的问题。

　　不可否认,近代以来的西方法律是摆脱人身依附关系及倡导民主与法治的先行者。因此,对它不应当亦不可能漠然对待,更不能简单地予以排斥。不过,在东西方有重大差异的法域,法律职业者生搬硬套西方的法律理念处理中国的问题,就意味着粗暴地对待了中国的社会。另一方面，当法律职业者们这样做的时候，又没有真正弄懂西方法律制度得以建立的法律理论，这又粗暴地对待了西方法律。中国学习西方法律已是历经百余年的不争事实。现今，法律制度的趋同化与各民族法律个性的减弱，是法律发展的一般模式。面对此种时代的大趋势，我们要做的不仅仅是要建立现代的法律体系，更重要和更深层次的在于弄清作为西方法律制度底蕴的法律思想。换言之，法律的研究和运用，只停留在法律制度的建立及相关资料的整理和解释上是远远不够的，而应该是法律规范与法律精神的统一。善于从法律制度中寻找法律的精神，从法哲学的抽象中探取法律实践所隐含的意义，才是中国法律职业者的共同任务。

从中西法律制度借鉴的角度看，我们更多地移植了西方的法律制度，而对西方法律精神则关注不足，主要表现在没有把握到西方法律的精髓。只有法律制度的引进，没有法律思想的参详，如同只有计算机的硬壳而无计算机的软件；没有法律的思想而实施法律的制度，那么法治的运行便成为无从谈起的问题。理解、消化和应用西方法律制度中所包含的法律理论，是我们继续和深化法律现代制度的紧迫任务。正是基于这样的考虑，我们决定编写一套西方法哲学家的学术传记丛书。

西方法律思想存在于西方法哲学家的脑子里，表现在他们各具特色的个人生活之中，物化于他们的法律著作之内。每个法哲学家的思想各不相同，但是同一时代的一批法学家则代表了那个时代的法律思想文明。同样，每个时代法学家的思想也各不相同，存在着主流与非主流甚至逆流的思想观点的交叉与对立。几千年西方法律思想家的理论传承，构成了西方法律思想史的全景。基于这样的认识，本套丛书的着眼点是法学家个体。通过每个法学家独特的经历、独特的思考和独特的理论，我们能够把握西方法律传统的精神和品质。

今天，我们正在建立和完善中国特色社会主义的法律体系。这首先就要求有充实而有效的中国特色社会主义法律理念。中国特色社会主义法律理念要在马克思主义法律观的指导下，广泛借鉴古今中外的法律精神遗产，尤其要"立足中国，借鉴西方"才能达成。

是为序。

吕世伦　徐爱国
2008 年 12 月

目　录

I

序 言

在今日之人文社会科学界，尤尔根·哈贝马斯（Jurgen Habermas，1929— ）无疑是最重要的思想家之一。作为"法兰克福学派第二代领袖"、"西方学界的领军人物"，从 20 世纪后半期至今，哈贝马斯一直活跃于国际学术论坛，对当代人文社会科学的发展起到了巨大的推动作用。英国社会学家约翰·雷克斯认为，哈贝马斯的造诣之深可与黑格尔相媲美；彼得·威尔比（Peter Wilby）则直接称哈贝马斯是"当代的黑格尔"、"后工业革命最伟大的哲学家"。[①] 迄今为止，哈贝马斯共出版专著近 40 部，另有散见于报刊杂志上的论文百余篇，其著述之丰实属罕见。由于不断有新作问世，他的影响仍有扩大之势。

哈贝马斯是一位综合型学者。正如有些学者所说的那样，"在他的绝大部分同事吃力地征服了某领域的一个角落的时候，他却无论在深度上还是在广度上都使自己成了整个领域的主人，他似乎生来就具有一种消化最坚硬的材料进而将其重组为一个有序整体的能力"。[②] 哈贝马斯不仅熟悉从德国古典哲学到法兰克福学派的各家学说，而且还深受美国实用主义哲学家，如皮尔斯、米德、杜威以及分析哲学家维特根斯坦、奥斯汀、塞尔等人的影响。此外，他对乔姆斯基的语言学，弗洛伊德、皮亚杰和科尔伯格的心理学，马克思、韦伯、迪尔凯姆、帕森斯的社会理论均了如指掌。因而，哈

[①] 参阅 Peter Wilby, "Habermas and Language of the modern state", New Society, vol. 47, No. 859, 22, March 1979, p. 667.

[②] 郁振华、刘静芳："综合的心灵——作为公共知识分子的哲学家哈贝马斯 Jurgen Habermas"，载《社会科学报》2002 年 5 月 20 日第 6 版。

贝马斯的理论涵盖面极广,既包括哲学、社会学、政治学,也涉及伦理学、心理学、语言学、道德和法理论以及文化理论。当然,以上领域的研究成果并非各自独立、互不相干,而是有着内在联系。它们相互渗透、互为补充,共同构成一个庞大、复杂的理论体系。我们似乎可以这样认为,"哲学批判和反思为哈氏学说奠定了思辨的基础,社会理论构成这一学说的核心,而政治学、道德和法理论以及文化理论则是他的哲学和社会理论在不同领域中的扩展、延伸和实际运用"①。

　　读过哈贝马斯著作的人可能都有这样的感受:语言诘屈聱牙,思路曲里拐弯,背景错综复杂。不要说我们这些中国人,就是他的同胞阅读起来,也不是一件轻而易举、轻松愉快的事情。在法兰克福大学流传着这样一则故事,说20世纪60年代,哈贝马斯刚刚出道登台讲学之时,其课堂上竟有一半学生举手抱怨说不得要领,希望他讲得简单通俗些。哈贝马斯许诺将尽其最大努力。不料刚过一会儿,另一半学生又起来请求饶恕,说他们还是莫名其妙,难得要领。哈贝马斯的思想在一般人看来确实很难得其要领,原因之一就在于其理论的综合性和跨学科性。其思想的博杂性也使得迄今为止人们很难用一种身份来给哈贝马斯定位。

　　另一方面,哈贝马斯又是一位论战型学者。哈贝马斯不但对产生过重大影响的先辈哲学家和社会学家,如黑格尔、马克思、尼采、韦伯、海德格尔、阿多尔诺,提出了尖锐的批评,而且也与当代几乎所有著名的理论家,如伽达默尔、福柯、德里达、利奥塔、布尔迪厄、卢曼和罗尔斯,都发生过激烈论战,被誉为当代人文和社会科学领域内最出色的雄辩家。在这种"理论游戏"中,他几乎总是充当主角,但与此同时,他自己的理论主张也引起了颇多争议,他提出的每一个新论点几乎都会挑起一场论战。

　　哈贝马斯的著作从他学术生涯的一开始就引起了相当广泛的

---

　　① 章国锋:《关于一个公正世界的"乌托邦"构想——解读哈贝马斯〈交往行为理论〉》,山东人民出版社2001年版,序言,第1页。

关注,这种状况对于一个关心公共领域的拓展和鼓励争论的学者来讲是理所当然的。自从哈贝马斯早期参与学生运动,又在 20 世纪 60 年代晚期与之断交之后,他就成为德国的公众人物了。他的著作招来了左、右两方面的尖锐甚至是令人难堪的批评,因为哈贝马斯的作品在学术或政治上都很难定位。虽然哈贝马斯自称是在马克思主义的传统内进行研究的,但他的著作却如此接近修正主义,以至于不被那些自认为是"马克思主义者"的大多数人所认同。然而,与法兰克福学派的联系又使他成为保守主义者深深怀疑的对象。可以说,在相当大的程度上,哈贝马斯的思想是由他所卷入的论战造就的。

目前研究哈贝马斯的著作、文章可谓林林总总,如果说本著作与这些作品有所不同的话,那就是本人力图把哈贝马斯的"西方马克思主义者"身份与法学家身份结合起来。作为西方马克思主义的代表人物之一,哈贝马斯的思想、著作早已被哲学、政治学研究者所关注,并已取得了相当丰硕的研究成果;而自从《在事实与规范之间》出版以来,哈贝马斯的法律思想又成了国内法学界的研究热点,阐述哈贝马斯法律思想的论著比比皆是。不过,能够把西方马克思主义视角与法学视角相结合,从西方马克思主义法学角度来研究哈贝马斯思想的著述并不多。如上所述,要梳理和归纳哈贝马斯的理论体系绝非易事,但也许是"明知山有虎,偏向虎山行"的不服输精神,使我斗胆献丑,希望本书能在此方面做些尝试性的开拓工作。

第一章　西方马克思主义法学概述

　　不同的国家有不同的马克思主义，各自具有独特的形式和内容。

——［英］科林·萨姆纳

　　正是那种把所有法律现象都追溯到经济力量和经济结构的倾向，构成了马克思主义法社会学发展的最大障碍。

——［美］斯蒂文·施皮策

　　哈贝马斯是公认的西方马克思主义的代表人物之一，其法律思想也被看做是西方马克思主义法学的重要组成部分。因此，在本书开篇，有必要先介绍一下西方马克思主义与西方马克思主义法学，以明晰本书探究哈贝马斯法律思想的视角和框架。

《历史与阶级意识》中文版封面

一、西方马克思主义

　　"西方马克思主义"（Western Marxism）作为一个专业术语，有其固定的含义。从词源来看，"西方马克思主义"一词最早出现于德国学者柯尔施 1930 年出版的《〈马克思主义和哲学〉问题的现状———一个反批判》这部著作中。在这部著作中,柯尔施提到了两种不同的马克思主义:一种是"俄国的马克思主义",另一种是"西方马克思主义"。柯尔施明确指出"西方马克思主义"是"共产国际内部的一个敌对的哲学流派",是与"俄国的马克思主义相抗衡"的派别。后来,法国学者梅劳·庞蒂在1955年发表的《辩证法的历险》一书中,正式对"西方马克思主义"的概念作了论说,在他那里,西方马克思主义是指所谓强调主客体辩证法和主体性,否定自然辩证法和反映论的"马克思主义",并把它与列宁主义相对。另外,他还把"西方马克思主义"的传统一直追溯到匈牙利著名哲学家、共产主义运动的领导者卢卡奇于1923年发表的《历史与阶级意识》一书。①1976年,英国学者佩里·安德森发表了《西方马克思主义探讨》一书,该书分析了"西方马克思主义"产生的历史背景、代表人物、特征以及与"经典传统"的马克思主义的差异等。从此,"西方马克思主义"一词便广为人们所接受。

从产生背景来看,"西方马克思主义"是西方马克思主义者试图探寻资本主义国家内革命道路的结果。1917年,列宁领导的布尔什维克党在俄国取得了政权,然而在欧洲其他地区,从1918年一战结束时爆发并持续到1920年的无产阶级革命浪潮却失败了。在德国、奥地利、匈牙利和意大利等国发生的无产阶级起义,相继被本国政府镇压下去。西欧大革命浪潮的失败,使一些人对十月革命模式的普遍性产生了怀疑,他们重新研究马克思的著作,并作出了不同于列宁主义的解释。另外,苏联在社会主义革命和建设中逐渐出现的一系列严重问题,也使一些人对苏联模式望而生畏。他们认为"苏联模式"是"极权主义",因此反对西方国家共产党内的"布尔什维克化"倾向;同

---

　　① 这就产生了关于"西方马克思主义从什么时候形成"问题的争论。有人认为,由于柯尔施第一次提出了"西方马克思主义"一词,所以西方马克思主义应从柯尔施算起;也有人认为,正是卢卡奇第一次对传统的马克思主义提出挑战,发出"重建马克思列宁主义"的口号,所以西方马克思主义应从卢卡奇算起。其实,这是一种形式标准和实质标准的争论。

时他们又对资本主义世界的异化现象强烈不满,并试图走"第三条道路"。后来,特别是二战后,这一思潮逐渐扩展到党外,由一些自称是"马克思主义者"的西方学者、思想家按照各自的立场观点加以理论展开,而于五六十年代形成为一种世界性的思潮。在60年代末、70年代初的西方"新左派"运动中,它甚至被激进的学生和工人奉为反对资本主义社会等级异化制度的思想武器。由于这种思潮本身的局限性,它未能为西方希望革命的青年指出正确的方向。不久,"新左派"运动就失败了。作为它的指导思想的"西方马克思主义"也一起走向了衰落。但衰落不等于消失,经过总结和反思,它又表现出一些新的动向和趋势。

安东尼奥·葛兰西(Antonio Gramsci,1891—1937)

从理论特征来看,西方马克思主义往往主张按照现代西方哲学的这个或那个流派的精神去解释、补充和重构马克思主义,从而形成诸多派别。除早期代表人物,如柯尔施、卢卡奇和葛兰西等人外,"西方马克思主义"最早于30年代在德国形成了一个名叫"法兰克福学派"的学术团体,①到了50年代,又逐步在法国形成了一个著名的学术派别——"存在主义的马克思主义"。随着西方主要资本主义国家执行的"冷战政策"的瓦解,马克思主义大踏步地跨入大学讲坛和学术研究机构。结果,马克思主义派别有如雨后春笋般涌现出来,先后产生了结构主义马克思主义、分析的马克思主义、生态学的马克思主义、后马克思主义等。从总体上看,西方马克思主义蕴涵着两种不同的甚至对立的倾向:一种倾向致力于把马克思主义人本主义化,另一种倾向则致力于把马克思主义科学化。② 在第一种倾向中,除了西方马克思主义早期代表人物之外,主要还有法兰克福学派和存在主义的马克思主义等;在第二种倾向中,主要有新实证主义的马克思主义、结构主义的马克思主义和分析的马克思主义等。可以说,西方马克思主义不仅是在思考当代世界的重大现实问题中成长和发展起来的,同时也是在整个西方传统文化的熏陶下,特别是在现当代西方哲学流派的直接影响下发展起来的。西方马克思主义历经近百年的发展,一些流派已经走向消亡,如存在主义的马克思主义、结构主义的马克思主义等流派;一些思想和流派仍具有持久的活力,如卢卡奇和葛兰西等人的理论;一些思潮正在兴起,如后现代主义的马克思主义、女性主义的马克思主义、生态马克思主义等等。

　　从活动范围来看,1968年法国"五月风暴"③之前,西方马克思主义的重心在欧洲拉丁语系地区,主要是法国、意大利、西班牙、希腊、匈牙利等国;随着"五月风暴"的失败,西方马克思主义开始在欧洲地区衰落,并转向英国、美国等英语国家和地

---

　　① 法兰克福学派本身的发展又分为三代,哈贝马斯属于第二代代表人物。

　　② 后马克思主义重在对马克思主义进行解构和否定,因而不能归入这两种倾向。

　　③ 在20世纪60年代末期,美国、联邦德国、意大利等西方国家相继发生了震荡社会的学潮和工潮,其中规模和影响最大、作为西方社会青年学生和工人造反的典型而震动全世界的,则是法国1968年5~6月间发生的风潮,即"五月风暴"。

区。西方马克思主义思潮从产生时起,就不仅遭到第二国际及所属社会民主党的抨击,而且也受到共产国际和各国共产党的批判,它的代表或者被开除出党,或者作自我批判。在党外,也只能远离工人运动而在学术框框里进行研究,被资产阶级视为"马克思主义",而被社会民主党和共产党视为"异端"或"修正主义",因而在共产党内,这股思潮就长期处于一种地下的、非法的状态,或明或暗、忽隐忽现地持续和发展着,影响不大,更谈不上得到广泛流传了。只是在 1968 年法国的"五月风暴"以后,情况才发生了根本的变化。由于在"五月风暴"中,西方马克思主义,特别是萨特的存在主义马克思主义和马尔库塞的乌托邦革命论被发达资本主义社会中奋起造反的青年学生、工人或"新左派"奉为自己的思想武器,这才引起了人们对这一思潮的广泛关注,在西方一些人的心目中,西方马克思主义俨然成了发达资本主义社会的马克思主义。① 正是由于这个原因,西方马克思主义的重心由欧洲大陆转向英、美等英语国家和地区。英国学者安德森指出:"真实的问题是,某种马克思主义的危机,从地理上来说局限于拉丁语系的欧洲——实际上是法国、意大利和西班牙。在这个文化和政治区域内,在 70 年代后期,马克思主义传统确实有点接近瓦解。但恰恰就在此时,马克思主义征服或巩固了新的阵地,跨越到这个区域以外的广大地区。"②"在过去 10 年中,马克思主义理论的地理位置已经从根本上转移了。今天,学术成果的重心似乎落在说英语的地区,而不是像战争期间和战后的情形那样,分别落在说德语或拉丁语民族的欧洲。这种地域性的转移表明了一种引人注目的历史性变化,在马克思主义文化传统上最落后的资本主义国家世界,突然间很多方面都已变成最先进的了,这几乎完全应

---

① 徐崇温主编:《西方马克思主义理论研究》,海南出版社 2000 年版,第 26 ~ 27 页。

② [英]佩里·安德森:《当代西方马克思主义》,余文烈译,东方出版社 1989 年版,第 31 页。

验了我以前的感觉。"①

1968 年 5 月 13 日法国五月风暴兴起，学生占领索尔邦大学达 5 周

关于"西方马克思主义"的概念问题以及"西方马克思主义"与"新马克思主义"、"新马克思学"、"后马克思主义"这些概念的联系与区别，目前国内学术界尚有争论。本人认为，西方马克思主义是欧美等发达资本主义国家内部一个既不同于传统（经典）马克思主义又与之有紧密联系的马克思主义派别。虽然西方马克思主义对经典马克思主义存在着误读和曲解，但在很多问题上，西方马克思主义结合资本主义社会的新实际，发展了马克思主义理论，是马克思主义理论在当代资本主义社会的发展样态。

二、西方马克思主义法学

作为一个法学流派或法学思潮，西方马克思主义法学既与西方马克思主义密切相关，又不简单等同于西方马克思主义的法学，而是西方的马克思主义法学。换句话说，西方马克思主

---

① ［英］佩里·安德森：《当代西方马克思主义》，余文烈译，东方出版社 1989 年版，第 24 页。

义代表人物的法律思想只是西方马克思主义法学的组成部分之一，除此之外，西方马克思主义法学还包括一些不属于西方马克思主义代表人物的西方学者对马克思主义法律思想的研究成果。在代表人物上，西方马克思主义法学与西方马克思主义既有交叉，又不完全重合。

阿尔都塞（Louis Athusser，1918—1990）

　　具体来说，以 1968 年法国"五月风暴"为界，西方马克思主义法学可以分为两个部分或者两个阶段。1968 年之前为第一个部分或阶段，它主要是西方马克思主义者关于法律问题的看法和观点，即西方马克思主义的法学。其地理范围主要是欧洲拉丁语系国家和地区，代表人物有西方马克思主义早期代表葛兰西、法兰克福学派代表柯切海默和哈贝马斯、结构主义马克思主义代表阿尔都塞和普兰查斯等人。作为西方马克思主义的代表，这些人主要关注哲学领域的问题，但在他们对国家、社会、政党等问题的探讨中，也包含有大量的法律思想。特别是哈贝马斯，他由早期对资本主义社会的关注逐渐转向对法律和民主问题的关注，并于 1992 年出版了法哲学专著《事实与有效性》，①从而奠定了其法学家身份。

　　1968 年"五月风暴"之后，可以称做是"西方马克思主义法学"的第二个部分或阶段，这一阶段不仅有西方马克思主义者对法律问题的探讨，而且更重要的是西方学者对马克思主义法学的研究成果。1968 年"五月风暴"之后，西方马克思主义的重心由欧洲大陆转向英、美等英语国家和地区，从而掀起了七八十年代英、美学者研究马克思主义法学的高潮。这个阶段的

---

①　英译本和汉译本为《在事实与规范之间》。

西方马克思主义法学主要是左派学者对马克思主义法学的研究,他们从学术角度出发,或梳理、概括马克思、恩格斯本人对法和法律问题的论述,或运用马克思主义的观点分析法律问题,并试图发展马克思主义法学。其观点各异、众说纷纭,如有的认为马克思主义法学是一种法社会学,从而重点从法社会学视角研究马克思主义法学;有的认为马克思的法律思想是一种自然法思想,强调马克思早期法律思想的重

卡尔·伦纳(Karl Renner,
1870—1950)

要性;有的把马克思主义法律观点与其他法律观点进行比较;有的则用马克思主义观点分析资本主义社会的犯罪问题。当然也有人从根本上否定、批判马克思主义法学等。

　　另外,20世纪七八十年代西方马克思主义法学的兴盛除起因于资本主义社会矛盾的加剧外,还由一些西方学者试图批判、超越早期马克思主义法学观点所致。这表现为西方学者对奥地利学者卡尔·伦纳的《私法制度及其社会功能》(1904年)和前苏联学者帕舒卡尼斯的《法的一般理论与马克思主义》(1924年)两部著作的重新发现和批判。伦纳的《私法制度及其社会功能》是第一部系统的马克思主义法学理论著作,主要论述的是私法与经济的关系。帕舒卡尼斯的《法的一般理论与马克思主义》写就于十月革命之后,此书提出了"法的商品交换理论",在马克思主义法学史上产生了重大影响。但在某些西方学者看来,这两部著作的共同缺陷是犯了经济决定论错误。这些学者试图超越此种马克思主义法学观点,以适应马克思主义法学发展的要求。

　　在此阶段,涌现出了一大批马克思主义法学著作。如玛琳·凯恩(Maureen Cain)与阿兰·亨特(Alan Hunt)合著的《马

克思、恩格斯论法》(*Marx and Engels on Law*)(1979 年),科林
·萨姆纳(Colin Sumner)的《阅读意识形态:马克思主义意识形
态和法律理论研究》(*Reading Ideologies:an investigation into the
Marxist theory of ideology and law*)(1979 年),保罗·赫斯特
(Paul Q. Hirst)的《论法律与意识形态》(*On Law and Ideology*)
(1979 年),保罗·菲利普斯(Paul Phillips)的《马克思、恩格斯
论法和法律》(*Marx and Engels on Law and Laws*)(1980 年),皮
尔斯·贝尔尼(Piers Beirne)和理查德·昆尼(Richard Quinney)
合编的《马克思主义与法》(*Marxism and Law*)(1982 年),休·
柯林斯(Hugh Collins)的《马克思主义与法》(*Marxism and Law*)
(1982 年),米勒瓦那威克(Dragan Milovanovic)的《法的韦伯式
和马克思主义式分析:资本主义生产方式下法的发展和功能》
(*Weberian and Marxian Analysis of Law:development and functions
of law in a capital mode of production*)(1989 年),鲍伯·凡恩
(Bob Fine)的《民主和法治:自由主义理想和马克思主义的批
判》(*Democracy and the Rule of Law:liberal ideals and Marxist cri-
tiques*)(1989 年)等。

　　另外,西方马克思主义法学的内容还可以分成这样两个部
分,即马克思主义法理论本身的评价、构建与马克思主义法理
论的运用、实践。前者主要是从理论层面上对马克思主义法理
论中的诸多问题进行探讨,这方面的代表有:凯恩和亨特的《马
克思、恩格斯论法》、菲利普斯的《马克思、恩格斯论法和法
律》;后者则着眼于运用马克思主义法理论的基本观点和方法
对现实问题进行分析,这方面的代表则是"批判犯罪学"以及西
方马克思主义者的法律观点。

　　当然,理论的分类是为了研究的方便,而不是把它作为信
奉的教条。虽然西方马克思主义法学确实存在着西方马克思
主义的法律思想与西方学者对马克思主义法学的研究和运用
这样的区别,而且二十世纪七八十年代西方马克思主义法学的
兴盛主要集中于英美等英语国家,但对之进行任何教条式理解

都是错误的。最典型的例子就是哈贝马斯，他既是西方马克思主义者，又是公认的学者、法学家，而且他还是用德语写作的德国人。因而，马克思主义者的法律思想和西方学者的马克思主义法学研究决不是僵死的、相互割裂、互不联系的两个部分。

三、西方马克思主义法学的特征

西方马克思主义法学内容庞杂、观点纷呈，总体上我们大致可以归纳出以下特征：

（一）整合并还原马克思、恩格斯本人的法律思想。西方马克思主义学者一般认为，马克思、恩格斯本人没有对法律形成系统的论述，而是散布在对其他问题的论述之中，并因而导致各种不同的解释，所以他们的任务之一就是要对马克思、恩格斯的法律思想进行整理，还马克思、恩格斯法律思想以本来面目。毛琳·凯恩（Maureen Cain）在《马克思恩格斯法社会学主题》一文的开头说："有关马克思、恩格斯法理论的文章很少，这大概是因为马克思从来没有形成系统的国家理论……因而如果要把'马克思论法'的思想拼凑到一起，人们就不得不处理来自不同著作中的相关部分，就好像它们的主题是相同的一样。有时候，比如在《资本论》的某个章节或者恩格斯的《反杜林论》中，某些段落本身足以能够表明是关于法的论述，而另一些时候，他们只是在解决其他问题时间接提到法，因而这些段落很容易被人们脱离当时的语境进行误解。因为我的目的是要让马克思、恩格斯的著作本身说话，我希望我能避免这个缺陷。"①再比如保罗·菲利蒲斯（Paul Phillips）的《马克思、恩格斯论法和法律》一书的序言中说，当代对法社会学的讨论不能忽视马克思和恩格斯的著作，马克思和恩格斯仍然很重要，然

---

① Maureen Cain: The Main Themes of Marx's and Engels' Sociology of Law, Marxism and Law, edited by Piers Beirne and Richard Quinney. New York: Wiley, 1982, p.63.

而,马克思和恩格斯的作品经常是既模糊又难懂,这可能是因为其著作数量太大、涉猎范围甚广之故,要阅读其中的一小部分都是一件令人头疼的事情。不过,更复杂的问题还不是马克思和恩格斯的著作本身的数量和范围问题,而是通常很难把马克思和恩格斯与马克思主义相区分的问题。这里存在着众多的马克思主义,他们的观点、立场经常是互相敌对的,然而却都自称是对马克思和恩格斯的合法解释。马克思主义因而成了不断地适应新情况的多种政治哲学。这不是一种批评,事实上大多数马克思主义者都面临着理论和实践之间的结合问题。然而,由这些马克思主义所提供的法理论往往与马克思和恩格斯本人的意思相差甚远,这本书则是关于马克思、恩格斯事实上是如何对法进行论述的。① 除菲利蒲斯的《马克思、恩格斯论法和法律》之外,这方面的著作还有毛琳·凯恩和阿兰·亨特合编的《马克思、恩格斯论法》等,其内容都是对马克思、恩格斯本人关于法律之论述的整理。

(二)主张用马克思主义的观点分析法律和社会问题。这方面的代表是伦纳的《私法制度及其社会功能》,该书被认为是运用马克思主义观点分析法律问题的最早著作。再比如兴盛于英美的激进犯罪学,他们不满于传统犯罪学对犯罪问题的实证化解释,而主张用马克思的观点看待犯罪问题,他们认为,不能仅仅从犯罪者的心理、生理方面去寻找犯罪原因,而应从社会整体的角度去剖析犯罪,刑法是资产阶级用来镇压、统治普通大众的工具,解决犯罪问题的根本出路是建立社会主义制度。

(三)反对简单的经济决定论,强调上层建筑的相对自主性,特别是意识形态的作用和法律的意识形态功能。西方马克思主义法学从葛兰西开始,一直具有一个传统,那就是对列宁

---

① Paul Phillips, *Mars and Engels on Law and Laws*, Totowa, NJ: Barnes & Noble, 1980. Foreword.

以及前苏联简单的经济决定论的批判。他们把那种认为现实生活中的一切现象都可以从经济方面寻找解释的经济决定论称为"简化主义",认为它没有看到上层建筑的自治性和自主性。葛兰西提出了文化领导权理论,特别重视法律的意识形态功能。阿尔都塞提出了意识形态国家机器理论,认为法律既属于镇压性的国家机器,也属于意识形态的国家机器。柯林斯更是想通过意识形态来优化传统的工具论,特别强调意识形态在法律制定、实施中的作用。阿兰·亨特则指出,马克思主义法律理论的发展趋势是开始强调"强制与同意"的二元论,而不再仅仅强调法律的强制性一面,这形成了马克思主义法学和非马克思主义法学进行对话的条件和可能。另外,有些学者不同意法律属于上层建筑的传统观点,认为法律既属于上层建筑,更是构成经济基础必不可少的条件。

尼科斯·普兰查斯(Nicos Poulantzas,1936—1979)

(四)没有统一的组织,也没有观点一致的体系。西方马克思主义法学作为一个法学派别,实际上是指欧美等西方国家马克思主义者的法律观和西方学者对马克思主义法学的研究成果的总和。不过,西方学者一般把马克思主义法学看成是一种法社会学,但也有人把马克思的法律观点看成是一种自然法。在这些观点之中,又可以分出工具主义与结构主义两种倾向。工具主义马克思主义以昆尼、米利班德、柯林斯等人为代表,认为国家和法只不过是统治阶级进行统治的工具,强调法的内容以及法与其他政治现象的联系。结构主义马克思主义则以阿尔都塞、普兰查斯等人为代表,他们主张"多元决定论",认为国家和法是社会各种力量平衡的凝聚,强调法的形式以及法的相对自治性、独立性。当然,也有些学者试图超越工具主义与结构主义之间的争论,并把工具主义和结构主义之分同社会学中的"强制"与"同意"的二分法联系起来。

四、对西方马克思主义法学的简要评析

西方马克思主义法学经历了一个从 20 世纪初开始产生,到七八十年代兴盛,再到当前趋于平缓这样一个历程。它继承了马克思主义法学的批判精神,其批判锋芒一边指向苏联式的马克思主义法学,一边指向资产阶级法学,并寻求在新的情况下发展马克思主义法学。

西方马克思主义是西欧无产阶级革命失败后,反思苏联革命模式的产物。它一出生,就带着反叛的色彩和特征。早期的西方马克思主义者反对列宁、斯大林等人对马克思主义法学的教条式理解,反对粗糙的经济决定论,反对仅仅强调法的镇压功能的阶级工具论,而开始关注法在市民社会的运作机制,关注法的意识形态功能,并提出了相当有见地的见解,这些见解一直影响着后来学者们的马克思主义法学研究,为西方马克思主义法学的发展奠定了基调。到了 20 世纪七八十年代,随着帕舒卡尼斯理论的重新发现,随着卡尔·伦纳的著作被翻译成英文,随着激进犯罪学的产生,西方马克思主义法学呈现出繁荣景象,有关马克思主义法学的著作、论文大量涌现,学者们从学术角度归纳、整理马克思、恩格斯本人的法律思想,探讨马克思主义法学的发展历程及存在问题,研究在新的情况下如何重新解释马克思主义理论中的一些基本问题,比如经济基础与上层建筑的关系问题、阶级划分问题、民主问题、法与社会主义的关系问题、法的消亡问题等。

从总体上看,西方马克思主义法学对马克思主义法学的研

究、探讨是积极的，它是一些人在资本主义社会而不是在社会主义背景下，特别是在不同于马克思所处时期的资本主义的背景下对马克思主义法学的理解和运用，因而是马克思主义法学和资本主义发展的实际情况相结合的产物和结果。它为我们提供了一种新的视角，并对我们一直以来所信仰的、不可动摇的、理所当然的原则提出置疑和批判，这无疑有利于我们反思、检讨并破除对某些原则的迷信和盲从，并促使我们对一些问题进行"再研究"、"再思考"，并提出一种更为合理的解释或解决方案。

第二章 哈贝马斯的
马克思主义之路

> 如果韦伯可以被看做是资产阶级的马克思,那么哈贝马斯大致可以被看做马克思主义韦伯。他的马克思主义决不是正统的,但是他总是把自己描述为马克思主义者。
>
> ——[英]威廉姆·奥斯维特

> 得感谢布洛赫(Bloch)和阿多诺(Adorno),是他们的著作让我们茅塞顿开,懂得马克思主义并没有终结,其传统远远超过了历史学和语言学的影响,更适宜于进行系统的研究。
>
> ——[德]尤尔根·哈贝马斯

哈贝马斯一直以"西方马克思主义者"自居。对于马克思主义,哈贝马斯经历了一个接触、吸收、批判和坚持的历程。

一、走近马克思主义

1929 年 6 月 18 日,哈贝马斯出生在德国西部杜塞尔多夫附近的小镇古姆斯巴赫(Gummersbach)。其祖父是神学院院长,父亲是当地工商业协会负责人。用哈贝马斯自己的话说,这是一个典型的中产阶级家庭。从小生长在德国中产阶级家庭的哈贝马斯受到了良好的教育,养成了严谨的作风和良好的生活习惯。

当哈贝马斯 4 岁时,德国发生了一件日后引起世界性灾难的事件,那就是德国纳粹党获得了统治权。希特勒上台后,对内对外采取强硬政策,利用民族主义情绪公开备战,这些做法得到了大多数国民的认同,全国上下处于一种狂热的民族主义情绪中。小镇古姆斯巴赫也不例外。不过,在这样的小镇,人们并不热衷于政治。哈贝马斯的童年就是在这样一个相对平静的小环境中度过的。

小镇古姆斯巴赫在德国地图上的位置

随着年龄的渐渐增长,哈贝马斯也与德国其他青少年一样,接受了纳粹主义的教育。他从没有对自己国家的历史和现状产生怀疑,并加入了希特勒青年团。

1945年,希特勒政权的垮台使哈贝马斯受到终生难忘的震撼。哈贝马斯认为,那是一种残酷的经历,它迫使一个16岁的青年人而不是老年人,回顾和反思自己的历史与国家的历史。当时,收音机广播了纽伦堡法庭的审判,电影院播放了关于集中营的纪录片,这些事实使德国人突然发现,自己生活在一个政治上犯罪的社会制度中,自己崇拜的领袖们一直在犯罪。这是他们从来没有想到的。一些年轻人不愿正视纳粹的暴行,不愿正视自己和国家的历史。和大多数同龄人不同,哈贝马斯开始对自己和国家的历史进行痛苦的回顾和反思。

　　经过回顾和反思,哈贝马斯对纳粹统治的结束深感欣慰,并对未来充满了希望。他开始如饥似渴地读书并接受新的思想。他当时只有十六七岁,但却读了关于马克思列宁主义和英美资本主义制度的书籍,还读了一些诗歌、小说等文学作品。不过,当时的哈贝马斯毕竟只是一个思想还未成熟的青少年,他对社会历史的理解、对纳粹统治的批判还没有超出道德理想主义的范畴。

哥廷根大学的象征性校门

　　1949 年,20 岁的哈贝马斯来到德国汉诺威的哥廷根大学学习,主修哲学、历史学和心理学,并选修了经济学课程。哥廷根大学创建于 1734 年,是德国的一所著名大学。该校创立之初就设有哲学院,与神学院、法学院和医学院并列,是欧洲第一所取消神学优越地位的大学,体现着教学自由和科研自由的精神。不过,20世纪初德国科学的迅速发展,使得德国大学普遍形成了一种优越感,种族主义气氛很浓。虽经历了纳粹统治和二战,但哥廷根大学的许多教授却没有在政治和思想方面作更多的反思,哲学、历史学、心理学方面的研究都因袭着20年代以来的传统,根本不讲授马克思主义、分析哲学、弗洛伊德主义,也不讲授社会学和社会理论。在这样的环境下,哈贝马斯当然不可能从教师那里接受更多的新思想,但哥廷根大学所具有的非政治传统也深深影响了哈贝马斯,使他日后接受法兰克福学派的思想、研究马克思主义经典的同时,保持了广泛的兴趣和宽容的态度,对欧洲大陆及英、美各派哲学传统兼收并蓄,形成了博杂的思想体系。另外,哈贝马斯在哥廷根大学受到的良好德国古典哲学传统的熏陶,也为他日后哲学思想的发展奠定了基础。

在哈贝马斯刚刚来到哥廷根大学之时,发生了一件既使他对政治感到失望又使他对政治产生责任感的事,这就是战后第一届议会的竞选。哈贝马斯认真听了每个竞选人的发言,结果发现,这些人除了煽动性的口号和夸夸其谈的理论、纲领外,并没有切合实际的东西。尤其是那些支持狂热民族主义立场的人最后进入内阁,当选为部长,更使哈贝马斯感到不可思议,并由此对政治产生了失望之感。这种失望导致哈贝马斯后来没有投入或者依靠任何政党的势力,而是始终保持着知识分子思想和行动的独立性。不过,对政治的失望并不等于对政治的消沉。强烈的责任感和道义心使他始终对政治保持着浓厚的兴趣,关注着社会思想变迁和社会结构的合理性问题。

1953年,哈贝马斯转到波恩大学学习。由于研习班的图书馆相对比较小,他便读遍了那里的每一本书。正是在这里,他经历了"海德格尔事件",读了卢卡奇的《历史与阶级意识》,并偶然发现了青年马克思的思想,从而重新认识了马克思。

1953年,海德格尔只字未改地出版了他1935年的哲学讲稿《形而上学导论》,阐述他的国家社会主义理论,为纳粹德国进行辩解。海德格尔的哲学思想深深打动了哈贝马斯,但海德格尔对纳粹的吹捧又使他感到困惑和气愤。哈贝马斯认为,海德格尔有 8 年时间可以反省自己的言行,说明"过去发生了什么,我们曾是怎样的"①,但海德格尔却拒绝了这样的忏悔,这表明他在 20 世纪 30 年代政治上的失足决不是偶然的。海德格尔实际上真诚地相信法西斯主义运动的内在真理和伟大,相信德国是世界的中心,负有拯救世界的使命。

海德格尔(Martin Heidegger, 1889—1976)

"海德格尔事件"对哈贝马斯以后的思想发展有着重大影响。他曾说这一事件使他的天真淳朴顿时消失,从此意识到哲学和政治是分不开的,一个人的哲学立场总是与政治有着或明或暗的联系。不过,哈贝马斯接受了海德格尔的教训,他不是把哲学当做政治的工具,而是以哲学的批判眼光看待现实政治,认为哲学的使命是维护和推动民主事业。如果哲学能够对社会的解放有所贡献,不是源于哲学家拥有达至真理的特权,而在于通过批判推动人类的自由和政治的民主。

卢卡奇的《历史与阶级意识》这本书对当时的哈贝马斯也影响颇深,哈贝马斯称赞这本书是一部了不起的著作,并把卢卡奇看做是他走近马克思的引路人。书中所阐发的"物化"理论使哈贝马斯非常激动。卢卡奇认为,物化是资本主义社会的普遍的、必然的现象,是生活在资本主义社会中的每一个人必然、直接的现实。所谓物化,就是似乎非常合理的、普遍适用的

---

① 转引自[德]得特勒夫·霍尔斯特:《哈贝马斯传》,章国锋译,东方出版社 2000 年版,第 8 页。

商品形式掩盖了人与人之间的本质关系。人由于对物的追求而目光近视，以致丧失了主体性和创造性，丧失了对整个社会的理解力和批判力，丧失了对社会和人类前途的思考力。卢卡奇认为，必须以马克思的辩证方法，即以主体和客体相互作用来改变现实的"总体性"方法，唤起无产阶级的主体意识和创造意识，使无产阶级不把目光仅仅停留在单纯的经济利益和伦理要求上，而形成对资本主义社会的整体认识和批判。这就要求无产阶级对资产阶级领导权这一资本主义社会总体的化身形成清醒的批判意识，同时诉诸革命的实践活动，以改变社会现实。

《1844 年经济学哲学手稿》手迹

哈贝马斯一直在为德国人麻木于自己的历史和现实感到担忧，而卢卡奇的思想，使自二战后就一直对德国历史和现实进行批判性反思、追求理想社会的哈贝马斯受到极大启发。另外，另一位西方马克思主义的早期代表人物柯尔施也对哈贝马斯的思想产生了很大影响。柯尔施与卢卡奇一样强调总体性思想，强调批判意识的能动作用，这种"总体性"思想在哈贝马斯以后的思想中起了重要作用。随着战后资本主义社会的发展,哈贝马斯日益感到当代资本主义社会的许多现象都不能简单地用经济唯物主义的观点来解释,因为它们远远超出了社会经济领域。哈贝马斯后来用社会"一体化"概念代替"总体性"概念,继承并发展了卢卡奇、柯尔施等人的"总体性"思想。

这一时期,他读到了对他产生重大影响的马克思的《1844年经济学哲学手稿》。不过,与其他人不同,他感兴趣的不是手稿中关于异化问题的论述,而是马克思将抽象问题进行具体化的方法和路径。哈贝马斯认识到,马克思不仅使社会历史理论具体化,而且其思想比卢卡奇更为系统。

正在哈贝马斯寻找重新系统地认识马克思和马克思主义的方法时,他读到了霍克海默和阿多尔诺合著的《启蒙辩证法》。他惊喜地发现,《启蒙辩证法》系统地、建设性地运用了马克思主义传统,突出强调了辩证法的批判精神。在哈贝马斯看来,《启蒙辩证法》超越了马克思和卢卡奇的时代局限性,给了他系统地解读马克思的勇气。由此,他对法兰克福学派的基本观点和基本理论开始认同,并与法兰克福学派结下了不解之缘。

二、加入法兰克福学派

1954,哈贝马斯在波恩大学以论文《绝对性和历史性——关于谢林思想的内在矛盾》获得博士学位。大学毕业后,哈贝马斯一度对哲学产生了厌倦情绪,做了两年报纸自由撰稿人工作。1956年,经朋友引荐,他来到法兰克福社会研究所工作,担任阿多尔诺的研究助手,成为法兰克福学派的正式成员。进入法兰克福学派以后,哈贝马斯在世界观和方法论两方面,都打上了马克思主义的深刻烙印。

法兰克福学派是西方马克思主义中影响最大、人数最多、前后持续时间最长的一个流派,因其主要成员都曾在德国莱茵河畔的法兰克福社会研究所工作而得名。自20世纪20年代末成立起来,该学派共产生了三代理论家:第一代主要有霍克海默、马尔库塞、阿多尔诺、弗洛姆、班杰明等;第二代主要有哈贝马斯、施密特、涅格特等；第三代主要有韦尔默尔、奥菲等。今天，尽管其理论在西方仍有相当大的影响，但"法兰克福学派"作为一个整体已成为历史。

法兰克福社会研究所于 1923 年由谷物商捐助成立，第一任所长是专门研究工人运动史的历史学家格律恩堡。格律恩堡在就职演说中宣称他是马克思主义的信徒，是现存社会经济制度的敌人，但他主张不能在政党和政治意义上研究和运用马克思主义，而要在严格的科学意义上研究马克思主义。他主持下的社会研究所是一个在学院中研究社会主义工人运动史和马克思主义的学术中心，与实际的工人运动是分离的。格律恩堡退休后，霍克海默继任社会研究所所长。他不满足于社会研究所作为西方马克思主义和东方马克思主义思潮联结点的地位，而着力于在历史和现状的研究中建立"新型理论"，发展马克思主义。

霍克海默认为，马克思主义本质上是对资本主义社会的批判，马克思主义的特征就在于它的批判性。为表明他的理论是对马克思主义的继承和对现存资本主义社会的彻底批判，同时也为表明他的理论与产生于资本主义社会制度中的传统理论相区别，他把自己的理论命名为"社会批判理论"。在霍克海默"社会批判理论"的旗帜下，聚集了阿多尔诺、马尔库塞、弗洛姆、班杰明等一批年轻有为的知识分子，他们形成法兰克福学派第一代理论家。

马克斯·霍克海默（Max Horkheimer, 1895—1973）

1933 年，希特勒上台，社会研究所由于有反法西斯倾向而被政府勒令停止活动，图书资料也被没收。于是，霍克海默率领法兰克福学派成员转移到瑞士和巴黎。30 年代末,德国法西斯政权威胁着整个欧洲,霍克海默又把社会研究所迁往美国。在美国,法兰克福学派得到了很大发展,形成"社会批判理论"发展到第一个高峰期,霍克海默和阿多尔诺合著的《启蒙辩证法》就是这一时期的代表作。

　　二战之后,德国政府邀请霍克海默、阿多尔诺等人回国。40 年代末,霍克海默和阿多尔诺等人回到西德,在法兰克福重建社会研究所,霍克海默和阿多尔诺分别担任所长和副所长。1951 年,霍克海默当选为法兰克福大学校长,社会研究所的工作实际由阿多尔诺主持。

阿多尔诺(右)与作家玻尔(左)在 1968 年的
反波恩"紧急法案"集会中

　　哈贝马斯正是在阿多尔诺主持工作时来到社会研究所的,他正好经历了 60 年代法兰克福学派"社会批判理论"发展的第二个高峰期,并为"社会批判理论"的发展作出了贡献。阿多尔诺是法兰克福学派的杰出领导人(他于 1959 年正式担任社会研究所所长)。1956 年到 1959 年期间,作为阿多尔诺的助手,哈贝马斯得到了阿多尔诺的悉心指导和严格的学术训练。从阿多尔诺那里,哈贝马斯学到了从第一手材料出发,进行系统研究的方法——在阅读阐释和研究性著作以前,一定要穷尽原著,并且系统地挖掘原著。从阿多尔诺那里,哈贝马斯又一次重新认识了马克思——马克思不仅是政治理论家,还应从人类学的角度解读马克思;马克思不仅是政治哲学家,而且是真正的经济学家。从阿多尔诺那里,哈贝马斯还了解了弗洛伊德——阿多尔诺不但把马克思当做典范,也把弗洛伊德当做典范。在阿多尔诺的指导下,哈贝马斯一方面学习统计、社会调查与经验研究技巧,另一方面认真研读了大量的经典著作,如马克思的《资本论》、弗洛伊德的精神分析学著作、韦伯的社会学著作、帕森斯的行为科学著作以及大量政治社会学方面的著作。这种学术积累,为他日后的理论创新打下了坚实的基础。

不过,自师从阿多尔诺开始,哈贝马斯就意识到了法兰克福学派的局限性——它似乎排斥现代哲学。阿多尔诺和法兰克福学派的其他成员只把马克思和韦伯视为典范,很少注意当代哲学的研究成果。哈贝马斯则并不拘囿于某种传统,而主张兼收并蓄。他并不在乎"资产阶级科学"这类标签,只要有助于问题解决的理论,他都试图吸纳进自己的体系中。正是这一点,使哈贝马斯与法兰克福学派其他成员区别开来,超越了法兰克福学派所具有的局限性。

1968年阿多尔诺去世后,哈贝马斯担任社会研究所所长。他是在多事之秋、法兰克福学派趋向瓦解之际担任这个职务的。此时的哈贝马斯虽然已经在理论界崭露头角,却还不足以取代阿多尔诺的地位。同时由于对学生运动的不同态度,法兰克福学派受到学生和政府的两面攻击,整个学派面临着解体的危险。

1971年,哈贝马斯辞去了仅担任两年的法兰克福社会研究所所长之职,来到慕尼黑,担任了马克斯－普朗克学会生活世界研究所所长。1981年,出于种种原因,哈贝马斯又离开马普学会生活世界研究所。1983 年,哈贝马斯重新回到法兰克福大学任哲学和社会学教授,直到 1994 年退休。

　　法兰克福学派作为西方马克思主义中影响最大的流派,是以社会批判理论闻名于世的。"批判理论"从广义上看,是指反思文明历史、批判社会现实的理论学说;从狭义上说,是指法兰克福学派"以辩证哲学与政治经济学批判为基础的"(马尔库塞语)社会哲学理论。它植根于欧洲哲学传统又敏感于重大社会现实问题,从哲学、社会学、心理学、政治学等各个角度,对现代资本主义社会进行跨学科综合性分析、研究、批判,发出了任何文明国家不能不聆听的振聋发聩之音。反思现代文明、对现代社会进行文化和意识形态批判构成了它的思想核心。以霍克海默、阿多尔诺、马尔库塞等人为代表的早期法兰克福学派对现代资本主义社会进行了全方位的批判,主要体现在四个方面:其一,大众文化、意识形态批判。他们认为,现代大众文化并不是服务于大众的通俗文化,而是借助于现代科技手段,大规模复制、传播文化产品的娱乐工业体系;它以文化工业生产为标志,以市民大众为消费对象,是商品化、技术化、标准化的现代文化形态,具有意识形态的欺骗性、操纵性、齐一性、压抑性;它把艺术、商业、政治、宗教、哲学等融合在一起,在闲暇里控制、操纵人的思想和情感,压抑、抹杀人的个性,平息、消除人的反叛意识,维护和巩固现存社会秩序。总之,作为肯定性、单向度的文化,它是欺骗大众的工具和巩固现存秩序的"社会水泥"。其二,工具理性、启蒙精神批判。在他们看来,理性最初是作为神话的解毒剂出现的,但随着科学技术的发展和应用,理性自身逐渐演变为工具理性。工具理性成为现代资本主义社会的意识形态和统治基础,成为现代工业文明社会摧毁人的自主性、创造性、个性的帮凶。同样,以工具理性为核心的"启蒙精神",作为把人类从恐惧、迷信中解放出来,并确立其主权的"最一般意义上的进步思想",最初是反对神话的,但后来它本身变成了一种新的神话。启蒙不仅包含着在认识上从神话到科学、在实践上从野蛮到文明的进步过程，而且包含着由文明再次进入野蛮的反向过程，这就是所谓的"启蒙辩证法"。在这里，神话就已是启蒙，启蒙退化为神话。总之，工具理性膨胀、科学技术的发展，一方面带来了人类改造自然能力的加强和工业文明的进步，但另一方面也提高了人类统治自然的力量，带来了人类对自然的进一步奴役，导致了人与自然关系的破裂；同时还增强了某些人对另一些人的统治，带来了社会对个人的压抑，导致了人与人关系的异化。其三，实证主义、传统理论批判。他们认为，批判理论与以实证主义为代表的传统理论是根本不同的。不论在主体与客体、目的与手段的关系上，在实践与理论、价值与事实的关系上，还是在社会批判与社会认同的关系上，二者都根本对立。因此，必须批判实证主义的经验原则、事实"中立性"观点、科学主义知识论、顺从主义思维方式。其四，压抑性文明批判。马尔库塞承认弗洛伊德压抑性文明论的合理因素，但把弗洛伊德压抑性文明论向前推进了一步，不仅力图发掘弗洛伊德后期文明论的哲学、社会学意义，而且指出了非压抑性文明的可能性。[①] 他从非压抑性文明出发，批判发达工业社会的压抑性文明，提出重建非压抑性文明，以实现人的爱欲解放。

　　哈贝马斯作为法兰克福学派第二代主要代表人物，一方面继承了早期法兰克福学派文化与意识形态批判的主题，另一方面又对传统批判理论进行了批判，并力图创立交往行为理论以实现对传统批判理论的重建。

　　哈贝马斯认为，早期法兰克福学派批判理论主要有三大弱点：第一，它未能认真对待现代哲学和社会科学成果，并拒绝用它来丰富自己的理论，沉醉于工具理性批判之中，拘泥于文化与意识形态批判，而没有对这个复杂的现实社会进行经验分

---

① ［美］马尔库塞：《爱欲与文明》，黄勇、薛民译，上海译文出版社1987年版，第11页。

析。因而,这种历史哲学的批判陷入到抽象性之中,对社会经验研究的贡献微乎其微。第二,它未能扬弃黑格尔的理性概念,仍然把理性看做是一种先验的力量,不能把握理性的真正意义。也就是说,从黑格尔那里继承来的总体性概念、理性概念、真理概念,对传统批判理论来说,成为一笔过于沉重的遗产。第三,它未能认真对待资本主义民主,因而不能客观评价晚期资本主义社会采取福利政策所取得的

黑格尔(Hegel, Georg Wilhelm Friedrich,1770—1831)

成就。哈贝马斯对前辈的"社会批判理论"作了重大修正和改造,主要表现在:1. 用对科学技术的批判取代对资本主义社会的批判。他认为,法兰克福学派虽然强调理论的主要功能是批判,但并没有确定正确的批判对象。在他看来,在现在的社会里,科学技术渗入社会生活的各个领域,如何正确看待"科学技术取得了合法的统治地位","成了理解一切问题的关键"。他把科学技术说成是现存社会一切罪恶和不幸的根源。2. 沟通"社会批判理论"与实证主义、科学主义之间的关系。他认为,法兰克福学派老一代理论家把实证主义完全拒之门外,造成了"社会批判理论"缺乏客观性、精确性,为了弥补这一不足,其理论不再排斥实证主义、科学主义。3. 逐渐丢掉马克思主义的外衣。法兰克福学派老一代理论家喜欢把"社会批判理论"标榜为马克思主义,而哈贝马斯则逐渐丢掉这一传统。他认为对马克思主义的"改造"有两种不同的含义:一种是竭力恢复马克思主义中被人忘却、被人误解的东西,如马尔库塞等人所做的那样;另一种则是改变这种理论,对它加以修正。他认为他是在第二种含义上对马克思主义进行"改造"的,因而无须在"马克

思主义者"的名义下进行。

　　作出上述交代,并不是要说明哈贝马斯抛弃了马克思主义,实际上,要求哈贝马斯与马克思主义完全划清界限几乎是不可能的。这不仅是因为马克思的理论构成了其早期批判理论的重要思想基础,更为重要的是,马克思的问题方式构成了其后期研究的基础与前提。比如,他的危机理论,就主要是受马克思的影响。不过,《交往行动理论》一书的出版,成为哈贝马斯思想的分水岭,其理论转向使哈贝马斯出现理论归属危机,因为哈贝马斯已经背离了法兰克福学派的"批判"传统,而着力于对社会理论的批判性"重构",并努力为当代西方社会的合法性危机寻找出路。这与霍克海默、马尔库塞等人重在批判与否认的理论迥异其趣。

马尔库塞（Herbert Marcuse,1898—1979）

三、参与学生运动

　　20 世纪 60 年代,德国同欧美其他国家一样,出现了声势浩大的学生运动。这一运动的产生有着复杂的社会历史因素。

　　在 60 年代中期,欧洲出现了被称为"新左派"的政治力量,他们既不满资本主义的统治,又不认同十月革命的道路,试图寻找社会改革的第三条道路,以直接的政治运动改变现存的社会制度。他们把法兰克福学派代表人物之一马尔库塞奉为"发达工业社会马克思主义的最重要的理论家",甚至把马尔库塞与马克思和毛泽东相提并论,称为"三M",并试图在马尔库塞的理论指导下进行社会革命。他们认为,现代工业社会的特点是无理性、全面压抑、官僚主义、集权主义和消费主义,工人阶级由于与资本主义工业社会一体化,已经丧失了革命性。于是,他们寻求在小资产阶级和青年学生中寻找革命力量,以冲击现存的资本主义制度,铲除一切异化形式,使人获得全面解放。

新左派的政治鼓动,马尔库塞的理论,战后生育高峰的一代人对战后资本主义单纯追求物质积累和秩序稳定的日益不满,再加上中国"文化大革命"的一定影响等因素,导致了60年代末期欧洲大陆的大规模学生运动。学生运动提出了"现在先做,然后再思"、"此时此地进行革命"等左倾盲动口号,同时还进行了一些无政府行动和过激行为,如向行政机构、教授们扔西红柿、臭鸡蛋等。不过,学生运动与新左派运动有着不同之处,他们更关注所谓的人性解放、个性解放、爱欲解放,这可以从当时学生张贴的"为爱情而斗争就是政治斗争"等口号中反映出来。可以说,学生运动是一种极端民主化和极端自由化的运动。

法兰克福学派与学生运动之间存在着盘根错节的联系,许多学生运动的领袖和积极分子都是法兰克福学派的直接或间接的学生。法兰克福学派的几位主要人物曾被尊称为学生运动的导师。作为法兰克福学派的第二代代表人物,哈贝马斯对学生运动经历了一个从支持到批判的转变过程。

60年代中期,哈贝马斯在许多文章中所阐述的政治、哲学、伦理观点在青年学生中产生了巨大影响,加上他经常向学生作演讲,同他们一起讨论问题,因而深受学生们的爱戴。在学生运动兴起时,哈贝马斯把它看做是他的社会理想的一种实践,因而,坚决站在学生一边,对学生运动持支持态度。但是,学生运动毕竟更多地表现出其不成熟性和激进狂热的成分,不可能按照哈贝马斯的理想路线进行和发展,因此,哈贝马斯很快就同激进的学生运动发生了分歧。在 1967 年和 1968 年,学生运动达到高潮之后,他与学生运动决裂了。

哈贝马斯认为,学生运动不考虑社会条件教条地搬用 19 世纪的马克思主义,具体来说,就是不加分析地搬用过时的资本主义危机理论、阶级斗争理论和殖民化理论,因而在意识形态和斗争策略上犯了极左主义的错误。错误理论产生了错误的自我意识,学生运动把自己看做传统无产阶级运动的一部分,是社会主义革命的一部分,全世界解放运动的一部分。在哈贝马斯看来,这些认识都是错误的,对学生运动是有害的。

意识形态的错误导致学生运动对政治形势的错误估计和斗争策略的错误选择。学生领袖相信,一场变革社会制度的革命形势已经成熟;哈贝马斯则认为,具有革命性质的迹象并不存在。他提醒学生,学生运动一旦越过非暴力反抗的界线,采取暴力挑衅,不但会使自己陷入孤立,而且会损害民主的力量,造成对人权的侵犯。正是在这个意义上,他指责学生运动有可能成为"左派法西斯主义"。

对学生运动的指责也是他对马克思主义的指责。他认为,在 19 世纪历史经验基础上形成的经典马克思主义已经过时,不能作为今天进步运动的指导思想。在其早期的一篇论文《哲学与科学之间:作为批判的马克思主义》中,哈贝马斯就认为人类解放不能在传统的无产阶级革命语境中进行讨论,应该关注的倒是资产阶级宪法国家的理想与现实之间的张力。在他看来,在个体权利和自由基础上产生的民主、法制观念和实践成果不应当被抛弃,相反,它是拯救现代性缺陷所在。他说:"如果能正确理解马克思,就会发现资本主义制度中某些根深蒂固的思想,在社会主义社会中作为传统值得保留。"①他认为,马克思主义传统的批判理论,尤其是法兰克福学派,由于只接受了革命理论而忽视了民主成果,扭断了自然法与革命的纽带,最终导致了"政府社会主义的失败"。哈贝马斯认为,现代社会处于后革命时代,社会变革应在民主宪法的范围内通过非暴力的形式进行,社会主义必须借助既有的民主成果,让公民积极参与政治,通过改良的途径才能实现。

正是由于哈贝马斯反感学生们的过激行为,公开谴责他们是"左派法西斯",导致学生们对他也由尊敬转变为反感甚至厌恶,一些学生甚至宣称他是"文化革命的叛徒"。于是,哈贝马斯作为青年学生导师的地位不复存在。这也是导致他最终离开法兰克福的原因之一。②

哈贝马斯和学生运动虽然最终闹得不欢而散,但他毕竟多年来经常为青年学生发表讲演,与青年学生共同讨论问题,可以算做名副其实的青年导师。这一点与阿多尔诺不同。阿多尔诺在很大程度上仅仅是学生运动的思想导师,他对学生运动一开始就不支持、不接受,认为学生们没有理解他的思想。哈贝马斯在学生运动开始时还是对学生运动抱有希望的,只是由于学生运动远远超出了他的指导思想,他才开始批评学生运动。可以说,他把学生看做是孩子,对学生运动抱的是恨铁不成钢的态度。即便最后分道扬镳,他对学生运动的总体看法还是客观的,甚至给予学生运动以高度的评价,认为学生运动使德国的政治文化氛围变得轻松了一些,生活方式变得解放了一些,并且使这种状态一直持续了下去。

---

① ［德］哈贝马斯:《现代性的地平线——哈贝马斯访谈录》,李安东、段怀清译,上海人民出版社1997年版,第49页。

② 哈贝马斯在1972年离开法兰克福,来到了慕尼黑市郊的斯达恩柏克,担任了马克斯·普兰克学会科学和技术世界生活条件研究所所长和这个学会的学部委员。

四、苏东剧变后对马克思主义的坚持

哈贝马斯与马克思主义的关系很耐人寻味:20世纪70年代以后,他走的是一条远离马克思主义的道路。人们满以为苏东剧变后,他会沿着原先的惯性越走越远。但事实是,苏东剧变后,他又重新走近马克思,选择马克思,致力于马克思主义的研究,并向世人宣布:我仍然是马克思主义者。

苏东剧变以后,相当一部分人认为,资本主义已经取得了完全的胜利,马克思主义和社会主义已经终结了。美籍日裔学者弗朗西斯·福山就是这种观点的典型代表。[①] 许多马克思主义者也有一种灰溜溜的感觉,不少人离开了马克思主义队伍;有的左派人士为了"避嫌",也绝口不提马克思主义和社会主义,个别人甚至千方百计地掩盖曾经有过的与马克思主义的联系。与他们相反,哈贝马斯没有随波逐流,而是坚持自己的理论立场,认为马克思主义仍然有它的当代意义,社会主义在21世纪有着光明的前景。

弗朗西斯·福山《历史的终结及最后之人》的中文版封面

哈贝马斯把苏东剧变看成是一场"矫正的革命"。在他看来,东欧剧变和苏联的变化,并不意味着社会主义的失败,失败的只是苏联模式的"社会主义",即官僚社会主义,哈贝马斯又把它称为"国家社会主义"。在他看来,苏联和东欧国家违背了

---

① 关于福山的观点,请参见其著作《历史之终结与最后一人》,台湾时报文化出版企业有限公司1993年版。

社会主义原则,而资本主义国家则由于工人政党,主要是社会党的推动,把社会主义的某些原则包容在自身之内。官僚社会主义的失败并不等于西方资本主义的胜利,资本主义也许会比官僚社会主义延续更长的时间,但未来社会不会保持资本主义的现有形态,它的前途必然是社会主义。未来的社会主义不仅是官僚社会主义的否定形态,也是现在的资本主义的否定形态。总之,在哈贝马斯看来,苏东剧变是对社会主义的一大打击,但社会主义力量最终将像基督一样复活,理想社会的乌托邦一定能够实现。

需要说明的是,哈贝马斯所理解的没有过时的马克思主义,是单纯就马克思主义"作为批判"来说的。他所理解的社会主义,也不是科学社会主义,而是"现实存在的社会主义"和资本主义之外的第三条道路。虽然如此,应当看到,哈贝马斯在对马克思主义的具体提法上,甚至是语气上的变化,反映出一种重要的倾向,这就是,在一些人否定马克思主义的时候,他却对马克思主义表示了一定程度的赞许;在一些人纷纷远离马克思主义的时候,他却向马克思走近。这表现出他可贵的理论勇气,这种勇气对于所有马克思主义者都是一种巨大的鼓舞。

第三章　哈贝马斯的学术历程

> 在他的绝大部分同事吃力地征服了某领域的一个角落的时候,他却无论在深度上还是在广度上都使自己成了整个领域的主人,他似乎生来就具有一种消化最坚硬的材料进而将其重组为一个有序整体的能力。
>
> ——[英]乔治·里希特海姆

> 哈贝马斯是我们的国家哲学家,他一直左右着我们德国重要的争论,他是我的榜样,学生运动时期是这样,现在依然如此。
>
> ——[德]约施卡·菲舍尔

哈贝马斯获奖后的照片

哈贝马斯是一位杰出的综合大师,极善于把不同的思想路线、理论范畴有机地结合起来。其知识背景十分广阔,大至整个西方哲学传统,小到法兰克福学派,具体可以分为六个部分:1. 德国唯心主义(从康德到黑格尔);2. 马克思主义哲学(包括卢卡奇、柯尔施、早期法兰克福学派);3. 弗洛伊德的精神分析(包括皮亚杰和柯尔伯格的发展心理学);4. 语言分析学派,特别是语用学传统(奥斯汀、赛尔、阿佩尔);5. 解释学现象学(胡塞尔、伽达默尔);6. 德国社会理论(自由主义和保守主义两条路线:马克斯·韦伯、西美尔和舍勒）。在上述理论背景中,他创造性地把马克思主义与精神分析、德国唯心主义哲学传统与美国实用主义哲学传统、哲学先验主义与哲学经验主义等相综合,试图打通人文、社会科学的学科边界,将哲学、历史学、社会学、政治学、语言学、伦理学和法学融合为一体,建立一种跨学科的、可实践的"批判的社会理论"。这一方法论来自于马克思的启示。因为在他看来,马克思与过去的任何理论家都不同,他既不是一位单纯思辨的哲学家,也不是一位囿于某一学科专业的学院式理论家,而是一位集哲学、社会学、政治学、经济学研究于一身的百科全书式的思想家。

70年代以来,哈贝马斯获得了各种奖项与荣誉,主要有:1974年,荣获联邦德国斯图加特市的"黑格尔奖";1976年,联邦德国语言和文学科学院授予他"弗洛伊德科学散文奖";1980年,荣获法兰克福市"阿多诺奖";1980年,美国社会科学院授予他法学荣誉博士称号;1981年,匈牙利科学院授予他荣誉院士称号;1985年,慕尼黑市授予他"朔尔姐妹奖",黑森州授予他威廉－洛伊施纳奖章;1987年,获哥本哈根市"索宁奖";1995年,获海德堡市和海德堡大学联合颁发的"卡尔·雅斯贝尔斯奖";1999年,获斯图嘉特市颁发的"特奥多尔·霍伊斯奖";2001年10月14日,荣获"德国书业协会"颁发"德国书业和平奖";2004年6月11日,获日本第20届京都"思想·艺术奖"。

不同的学者对哈贝马斯的学术历程的分期并不完全相同,参照曹卫东教授的理解,我们可以把哈贝马斯的学术历程分为四个发展阶段,即前学术期、前交往期、交往期、后交往期。

一、前学术期

哈贝马斯学术历程的第一阶段可以称为"前学术期"(1953—1961),以《公共领域的结构转型》为代表。此外,还有博士论文《绝对与历史:论谢林思想的歧异性》和合著《大学生与政治:法兰克福大学生政治意识的社会学研究》等。不过,这段时期为哈贝马斯赢得社会影响的,更多是他对"海德格尔事件"的严正态度。

哈贝马斯与他的著作

完成博士学业后,哈贝马斯来到法兰克福社会研究所担任助理研究员,在那里,他学会了经验性的社会研究方法。他的第一部著作《大学生与政治》(与他人合作)便是运用这一方法写成的。该书旨在说明人们对后代的大学生可以寄予何种期望。哈贝马斯为此书撰的写序言《关于政治参与的概念》受到广泛重视。这篇序言写于1958年,而《大学生与政治》发表于1961年。序言中哈贝马斯对展现在他眼前的当代资产阶级法制国家的形象作了描述,并着重强调他在考察中遵循的是"批判理论的规范"。

尽管哈贝马斯曾说:"我从不对任何事情持模棱两可的态度。"①但他学说的一个本质特征即避免对被考察对象采取独断论的立场,在这部著作里表现得十分明显。这特别反映在他对资产阶级宪法国家的看法上。一方面,他相信这一从美国人、英国人和法国人那里接受过来的政治形式体现了一种历史成就;但另一方面,他又认为它也有阴暗面、错误和弱点,并可能带来危险。这一矛盾恰恰是哈贝马斯要深入研究的,也是他在同年发表《公众领域的结构转型》(也有学者译为《公众舆论的结构变化》)的前言中所要讨论的对象。他试图解释,宪法现实与宪法文本或宪法理想为何总是存在着如此巨大的反差。

1961 年,哈贝马斯出版了其成名作《公众领域的结构转型》,它是哈贝马斯在其教授资格论文基础上写就的。该书从社会史和思想史的角度,集中分析了"资产阶级公共领域"这一理想型范畴的历史意义和现实意义,并指出资产阶级公共领域的兴起、发展和萎缩的历史,所折射出的是一部资本主义的发展史和现代性的发展史。

哈贝马斯认为,资产阶级公共领域是一个历史范畴。它起源于欧洲中世纪的"市民社会",有特定的含义,是指形成公众意见的社会生活领域。它既不等同于国家,也不等同于社会,而是介于国家和社会之间的一个领域。公众领域的中心原则是"漫谈式地形成意志",即通过平等的、公开的、无拘无束的讨论,形成公众舆论。公众舆论是公民对于国家事务的批评、影响、监督和控制。到了垄断资本主义阶段,自由商品经济模式被打破,国家开始介入经济领域,出现了国家的社会化和社会的国家化。这使得原本介于国家与社会之间的公众领域也相应地发生了结构转换。其结果就是,以往进行社会评论的个人活动,被代表私人利益、集团利益的政党、团体取代了,以往作

①　[德]拉尔夫·达伦多夫:《哈贝马斯的同龄人》,载《水星》杂志 1989 年 6 月第 484 期,第 79 页。

为公众喉舌的舆论工具,被政党、团体和国家垄断了,以往由自由个体组成的公众的独立性、自主性和理性判断力,被统一的文化、舆论所压倒。特别是到了当代资本主义社会,公共领域出现了分崩离析的倾向,公众实际上失去了自由发表意见的场所,失去了发表意见的工具,因而失去了原来享有的权利。鉴于当代资本主义社会公众权利的丧失,哈贝马斯呼吁,必须重新构建社会关系,使政治权力和社会权利合理化,使舆论恢复活力,使公众真正参与决策,从而使

《公共领域的结构转型》
中文版封面

国家机构致力于满足公众提出的要求,而不是凌驾于公众领域之上。

二、前交往期

哈贝马斯学术历程的第二阶段可以称为"前交往期"(1962—1980),代表作有《理论与实践》、《社会科学的逻辑》、《认识与兴趣》、《作为"意识形态"的技术与科学》、《合法化危机》、《重建历史唯物主义》等。如果说在前一个时期,哈贝马斯是遵循师命、偏重于社会调查和历史研究的话,那么在这一时期,他开始有意识地介入当时的思想论战,并逐步展露出自己的立场。这些论战主要有:1961 年—1968 年围绕着社会科学逻辑而展开的"辩证学派和批判理性主义学派"之间的争论;1967 年—1968 年与杜切克和"德国社会主义学生联盟"关于左派法西斯主义的争论;1971 年与卢曼有关社会概念的争论以及与哲学解释学之间争论等。

1963 年,哈贝马斯出版了论述理论与实践关系的专著《理

论与实践》。该书由五篇论文组成，分别为：与社会哲学相联系的古典政治学说；自然法与革命；黑格尔对法国革命的批判；哲学和科学之间——作为批判理论的马克思主义；教条主义、理性与决断——科学文明时代的理论与实践。

《理论与实践》中文版封面

哈贝马斯所谓的理论与实践，实际上是指"哲学社会科学"理论与"社会生活"（包括政治生活）实践。理论与实践的关系，就是哲学社会科学与社会生活（包括政治生活）的关系。根据哈贝马斯的观点，理论应该是批判的，因此来自理性，是超越的；理论同时也应该是科学的，因此又是来自经验的。而实践则主要不是指根据科学理论进行的技术操作实践，而是指指导人们生活的实践，是指人们获得解放、走向合理社会的社会实践。因此，理论与实践的关系，实际上就是哲学社会科学与社会生活、政治生活的关系。理论必须根据实践的目的去发展，并能指导社会实践。哈贝马斯通过考察历史与现实中理论与实践的关系，提出了他的社会批判理论。

哈贝马斯为什么会对澄清理论与实践关系产生如此大的兴趣呢？海德格尔的政治失足是哈贝马斯研究这一问题的动机。在他看来，在海德格尔的《形而上学导论》发表以前，政治与哲学之间存在着一条不可逾越的鸿沟，而哈贝马斯却发现，哲学反思与一个人的政治态度有着某种联系。"海德格尔事件"说明，一位学者对哲学系统的选择取决于他究竟是怎样一个人。

尽管理论与实践的关系在哈贝马斯的这部论文集中尚未得到明确的解释，但他已经意识到，一种包含了实践意图的理论可以对实践进行指导。因为哈贝马斯确信，一种理论及其方法始终与它所观照的对象紧密相关，反过来，对对象的描述也与理论家自身观察对象的立场密不可分。我们可以说，深藏于科学的象牙塔内的哲学与政治的关系，在此已经转化为理论与实践的关系问题。哈贝马斯提出的问题是：哲学怎样才能成为在政治上可实践的。

可以说，此书建构了他最终要创立的理论体系的基本结构，这就是以哲学为基础、以社会学为框架，把哲学与社会科学紧密结合起来的、能够指导社会实践的社会理论。它既是批判的，又是科学的；既指向未来，又指导实践。哈贝马斯在这部著作中提出的一些基本观点，在其日后的研究中得到反复强调、论证和发展。

1967年哈贝马斯出版了《社会科学的逻辑》一书，该书通过对社会科学方法论的深入研究，回答了他在《理论与实践》中提出的核心问题。在该书中，哈贝马斯对自然科学和人文社会科学作了明确区分，并尖锐地批评了社会科学中存在的客观主义倾向，在他看来，这一倾向在系统论社会理论和实证主义那里表现得尤为突出。① 在该书的"前言"中，哈贝马斯说，他这部著作不仅继承了阿多尔诺对实证主义的批判，而且考察了非传统的方法领域，包括维特根斯坦的语言哲学、伽达默尔的解释学以及源于舒茨（Schutz）的现象学的人类学方法论。通过考察解释学和语言分析哲学，他意识到，批判社会理论必须从源自康德和黑格尔的传统哲学中解放出来。他认为，必须消除自然科学和人文社会科学在方法论上的对立，将经验科学的方法与解释学的方法结合起来。

1968年出版的《作为"意识形态"的技术与科学》是一本文集，涉及的问题很广泛。其中一篇论文与书名同名，它是为祝

---

① 在后来的《认识与兴趣》与《社会理论或社会技术的统治》两部著作中，哈贝马斯分别阐述了自己对实证主义和以尼克拉斯·卢曼为代表的社会系统论的看法。

贺马尔库塞70岁诞辰而写的,其中对"意识形态"概念作了深入的分析。哈贝马斯赞同韦伯对这一概念的解释,同韦伯一样,他也认为西方文化的理性化是和神秘世界图像的祛魅化同时发生的,而传统世界图像的祛魅化又是通过建筑在科学论证基础上的意识形态批判成为可能的。由于从19世纪末开始,资本主义的生产力系统通过新技术的引进而得到提高,而这一过程又是通过技术的科学化来实现的,技术和科学本身便直接服务于资本主义生产。技术与科学成了第一生产力,科学论证掩盖了隐藏在它背后的利益,而且自己就变成了意识形态。科学成为偶像,以至于人们对道德－实践问题兴趣、对社会发展和解放的兴趣日益丧失。为进步而进步,最大限度地获取利润成为在科学上被合法化了的、再也无须反思的利益。哈贝马斯赞同韦伯关于理性化的论述,不过他认为韦伯的理性观念过于狭窄,而这一点恰恰是该书讨论的中心问题。

需要说明的是,在1968年学生运动达到高潮时,公众对哈贝马斯感到愤怒,不是由于他提出了技术与科学新的方式成为意识形态的观点,而是因为他对马克思的批评。哈贝马斯在其博士论文发表后,就始终自诩为马克思主义者,而马克思主义者也把他看做自己队伍中的一员,因而,当他在《作为"意识形态"的技术与科学》中发表批评马克思主义的言论后,人们便感到非常气愤。那么,哈氏对马克思提出哪些批评呢?在该书中,哈贝马斯指出,马克思试图用社会生活再生产的法则来解释人类种群的形成和发展过程,但这一解释有重大缺陷,因为他并未揭示交往行为与劳动的关系,并把交往行为归结为工具性行为。在哈贝马斯看来,马克思的理论中包含着一个奇怪的矛盾:一方面,在《共产党宣言》和后来论述巴黎公社的一系列著作中,马克思谈到了人类解放实践的可能性;另一方面,在关于政治经济学的研究著作中,尤其在《资本论》中,他又坚持把人类活动简约为工具性行为,并声称人类永远无法摆脱这一(后来被韦伯称为)"属性外壳"的宿命。哈贝马斯试图通过对马克思理论进行分析,澄清劳动和人与人之间的交往行为,即他所说的工具性行为与交往行为的关系。这一纲领性的尝试开始于《作为"意识形态"的技术与科学》,在 13 年后出版《交往行动理论》中告一段落。

1968 年哈贝马斯还出版了其认识论著作《认识与兴趣》。《认识与兴趣》同《理论与实践》一样,是哈贝马斯引起人们极大重视的两本书,因为它们不仅在哲学界,而且在许多科学领域引发了热烈的讨论。

《认识与兴趣》中文版封面

该书共分三部分,第一部分为"对认识的批判",哈贝马斯试图用历史叙述的方法回顾从康德到黑格尔再到马克思的认识论发展过程。哈贝马斯认为,马克思把劳动当做人类物质生产活动和精神发展进程统一的基础,忽略了人类交往行动的作用。他认为,马克思所说的劳动只是一种工具性行动,即目的性行动,而人除了工具性行动之外,还有交往行动,即以符号、语言、意识和文化形式表现出来的人们之间的相互作用。把交往行动归结为劳动,实际上就是把反思过程降低到工具性行动的水平,其后果是把人文科学与自然科学混为一谈。马克思虽然使主体与客体在物质活动中达到统一,但马克思所说的人是只采取目的性和工具性行动的人,而不是具有理性的自我反思的人。由于把人降低到工具人的水平,自然就不利于建立人文科学,或者说,人文科学是依附于自然科学的。在哈贝马斯看来,这无疑助长了日后唯科学主义的倾向,而这正是哈贝马斯要批判的。

哈贝马斯在这一部分要说明的另一个问题是哲学与科学的

关系问题。哈贝马斯认为,所谓认识论,很重要的一个问题就是涉及哲学对科学的地位问题。自康德以来,一方面哲学仍然希望保持着对科学的绝对地位,但另一方面,科学问题不再被从哲学意义上来理解,而只能从认识论意义上被理解。也就是说,科学问题不再与人类追求的意义有关,不再与真、善、美的统一有关,而只与认识方法有关,与求真有关。于是哲学对科学的位置发生了微妙的变化。到了 19 世纪中叶,认识论为不包含哲学思想的方法论所取代,这就是实证主义的兴起。实证主义的发展代表了科学主义的胜利。于是,哲学与科学的关系问题发生了颠倒,不再是科学的有效性需要哲学来确认,而是哲学存在的价值需要科学来证明。哈贝马斯虽然从内心深处认同哲学对于科学的至高无上地位,但科学主义的胜利使他清醒地认识到哲学必须与现代科学对话,哲学不能在思辨范畴中发展,必须在吸取实证科学的体系和方法的基础上发展。

　　该书的第二部分为“实证主义、实用主义、历史主义”。在这部分中,哈贝马斯首先论述了实证主义方法论对哲学认识论的取代。他认为,实证主义作为认识论的继承者,其出现标志着认识论的结束。实证主义终止了对认识的意义的探索,认为这种探索对于说明现代科学事实是无意义的。在这部分,哈贝马斯实际上提出了认识的主体性问题。他认为,在实证主义那里,认识的主体丧失了其主体性,认识主体成为可替代的。于是,认识过程的主客体的统一,便成为以客体为中心的统一,成为丧失主体性的统一。认识主体丧失了其主体性,便无所谓主体之间,无所谓主体之间的交流,于是,剩下的只有工具理性的统治。这种结果显然是哈贝马斯所反对的。

　　在这部著作的第三部分“理性和兴趣”以及附言部分,哈贝马斯论述了认识的兴趣问题以及认识与兴趣的关系问题。对于什么是兴趣,哈贝马斯的回答是,兴趣就是乐趣,这种乐趣不是个人的特殊嗜好,也不是群体的利益动机,而是人类先在的普遍的认识兴趣或知识构成的背景因素。认识的兴趣就是人在现实活动中的意向。兴趣一方面与对象有关，一方面与人的需求能力有关。兴趣与认识的关系是：兴趣先于认识，兴趣是认识的基础；认识是实现兴趣的手段，认识受兴趣所支配。由于兴趣就是人在现实活动中的意向，社会生活中认识的兴趣就可以根据人的现实活动分为三类，一是技术的兴趣；二是实践的兴趣；三是解放的兴趣。所谓技术的兴趣，就是人类对于预测和控制自然的兴趣；所谓实践的兴趣，就是人类对于保障和发展生活中的相互了解和自我了解的兴趣；所谓解放的兴趣，就是人对于摆脱束缚、获得自由的兴趣。由此，形成了三种类型的科学：相应于技术的兴趣，形成了经验的和分析的科学，那些致力于获得知识的自然科学和社会科学属于这种科学；相应于实践的兴趣，形成了历史的和解释的科学，那些致力于解释性理解的人文科学和历史科学属于这种科学；相应于解放的兴趣，形成了具有批判倾向的科学，心理分析、意识形态批判以及反思的批判的哲学都属于这种科学。

在该书的后两部分，哈贝马斯力图说明的是，认识不仅是人的目的性的工具行动，认识也是对意义的追求。他反对实证主义对意义的否定，认为正是由于对意义的否定，导致工具理性占据了绝对统治地位，导致了现代社会的一系列弊病。另外，哈贝马斯还认为，认识不是纯客观的，主体的认识兴趣是认识的基础，决定认识的方向。哈贝马斯提出认识的兴趣问题，主要是为了反对实证主义、科学主义把认识纯客观化的倾向。哈贝马斯的这部著作为他日后的理论发展奠定了基础。正是在对认识主体、认识的意义的重新探讨中，生发出他的交往行动理论。

1973年哈贝马斯出版了《合法化危机》一书。哈贝马斯认为，当代资本主义社会的一个特征是，资本的集团所有正向资本的国家所有转化，这导致了当代资本主义生产关系的变化。在当代资本主义社会，由于国家干预经济生活的趋势加强以及阶级关系的改变，适用于自由资本主义社会的马克思的危机理论已经不能解释当代资本主义的危机。因为危机正在从经济领域转移到社会、政治和文化领域，因而必须用新的危机理论来说明当代资本主义社会的弊病，并寻求避免危机、走向合理化社会的道路。《合法化危机》一书就是试图全面阐述当代资本主义的特点和危机趋势。在这部篇幅不大的著作中，哈贝马斯把规范论证和经验研究有机地结合起来，分别从经济危机、合理性危机、合法性危机以及动机危机四个方面，阐明了晚期资本主义的发展路线和存在理由。

哈贝马斯对于当代资本主义危机的探讨，是从探讨经济危机入手的。不过，哈贝马斯认为，当代资本主义社会已经不存在自由资本主义社会那种周期性的经济危机了，经济危机转移到了政治领域。在哈贝马斯看来，资本主义国家一直是资本家的总代理人，它对经济起一种补足作用，即为资本主义再生产提供一般条件。因此，它是资本主义的工具，自由资本主义社会如此，当代资本主义社会也是如此。不过，当代资本主义国家与自由资本主义国家不同，它已经不再局限于为生产提供一般条件，而必须干预生产过程本身。这样，政府为了避免危机，必须以行政手段干预社会产品的分配，于是经济系统就不再是自我调节的系统，经济危机也转移到了政治制度中。

在哈贝马斯看来，一方面，当代资本主义国家的政府为了避免因增长失控而导致经济危机，必须通过提取利润和所得税来增加必要的税收，这便与各个资本家集团的利益发生冲突；另一方面，政府为了避免因社会负担过重而引起的财政危机，必须按轻重缓急使用财政收入，不可能同时满足社会各方面的需要，因此又与各种居民群体的利益要求相冲突。哈贝马斯把前一方面的冲突称为合理性危机，把后一方面的冲突称为合法性危机，并认为这两方面的危机是当代资本主义政治危机的主要方面。

为了进一步说明当代资本主义社会的合法性危机，哈贝马斯分析了社会文化系统所提供的动因问题，认为危机最终来源于动因的危机。所谓动因危机，是指政府不能激发其社会成员与政府合作的动机。在哈贝马斯看来，当代资本主义社会所能提供的最重要的动因，就是公民的利己主义和家庭－职业的利己主义。人们对行政管理系统维护秩序、维持社会发展所从事的计划和执行工作有兴趣，但又很少参与同政府合作的具体过程。在当代资本主义社会，维护社会经济和政治稳定与发展的社会文化动因正在逐渐减弱，这便是所谓的动因危机。这种动因危机无疑会给整个资本主义社会带来政治和经济的危机。

　　哈贝马斯对当代资本主义动因危机的分析，也可以看做是他对当代资本主义社会思想文化的批判。他对当代资本主义社会文化的批判主要包括两个方面：一是认为自自由资本主义以来，资产阶级意识形态的核心观念正在衰退；二是认为当代资产阶级意识形态的观念体系不能为整个资本主义体系提供新的动因。

　　1976 年，哈贝马斯的《重建历史唯物主义》问世。该书是一部论文集。在本书的《社会学中的理论比较》一文中，哈贝马斯明确指出，迄今为止，任何一种社会理论，无论是历史唯物主义还是社会学中的其他理论，都不能全面解释社会进化或者提出社会进化的构思。他们都只能说明某一社会现象领域。历史唯物主义，作为解释类的历史理论，也有它的局限性，即它主要适用于解释社会运动和阶级冲突。其原因在于这种理论传统

《重建历史唯物主义》
中文版封面

自身存在着问题，主要表现为三个方面：第一，不加反思的历史客观主义；第二，从存在和意识的关系上批判资产阶级的规范内容时，也同时否定资产阶级的规范和价值中内在的有用因

素;第三,忽视了道德规范结构在社会进化中的重要意义。后来,斯大林把历史唯物主义法典化,并且把它禁锢在他所确立的理论框架中,这就进一步堵死了这一理论发展的道路,使这一理论成为一种没有生机的僵死的教条。

哈贝马斯提出,历史唯物主义要想重新成为一种富有生命力的普遍化的社会进化理论,达到它原来确立的目标,就必须重建。重建不是"复辟",不是回到已经腐朽的最初状况上去;也不是"复兴",不是更新那些已被抛弃了的传统。重建是把这种理论拆开,用新的形式加以组合。哈贝马斯在本书导论的最后指出,历史唯物主义的历史经验表明,缩手缩脚地固守纯哲学的媒介,以及为了科学的实证性而全盘放弃哲学反思这两种做法,都是危险和不可行的。在哈贝马斯看来,历史唯物主义只有以哲学的彻底反思力量来重建。

哈贝马斯重建历史唯物主义的努力主要表现在两个方面:一方面,他考察了历史唯物主义的一些重要概念和观点,指出运用这些概念和观点时将会出现的问题,进而提出解决问题的建议;另一方面,他从总体上指出了历史唯物主义的不足,试图以其交往理论补充、更新历史唯物主义。当然,这两个方面是相互联系的。如果用一句话来概括,那就是,哈贝马斯力图以交往理论的基本观点重建历史唯物主义。

三、交往期

哈贝马斯学术历程的第三阶段可以称为"交往期"(1981—1989),主要著作包括《交往行为理论》、《道德意识与交往行动》、《现代性的哲学话语》、《后形而上学思想》等。这是他理论集大成时期,也是他不断改进和调整学术思路的时期。在这一时期,他受到了主要来自法国"后结构主义"的巨大挑战,表现为他和利奥塔(J. F. Lyotard)之间关于现代性和后现代性的公开较量,还有他和福柯(Michel Foucault)之间在西方思想历史趋向上的隐形对峙。

1981 年完成的《交往行为理论》一书,被西方社会学界认为是哈贝马斯社会学思想的集大成,甚至被誉为当代社会理论的伟大进展。在这部著作中,哈贝马斯几乎对近现代西方社会学各主要流派的思想都有所评述,并力图把它们囊括到自己的思想体系中来。

正因为哈贝马斯涉猎广博,使得这部著作的内容过于庞杂。哈贝马斯简洁地描述了本书的内容,他说:"它首先提出了'交往理性'的概念,这一概念是在众人的质疑声中逐步发展起来的,是对理性被扭曲为认识–工具理性的反驳;然后它提出了关于社会构成的两个层次的思想,这一思想不仅在修辞学意义上,而且在日常生活的实践中,将生活世界的范畴与体制系统的范畴联系起来;最后,它提出了一种现代性理论,这种理论用以下假设来解释当今日益明显的社会弊病:被语言交往所结构的生活领域,已被置于自主化的、形式地组织起来的行为系统的绝对命令之下。"①

《交往行为理论》(第一卷)
中文版封面

要集中把握这部著作的意图和中心思想,则可以根据他所阐述的隐藏在其学术理论之后的政治动机和观点来思考。他认为,他有着一种可以归为宗教方面的冲动,有一种诸如新教、天启哲学那样的使命感。这种动机始终关注着拯救已经崩溃的现代性,继续追求文化、社会和经济领域中的现代性的可能,

① [德]哈贝马斯:《交往行为理论》上卷,法兰克福苏尔坎普出版社 1981 年版,第 13 页。

并在其中找到一种人们共同生活的方式：既享有自由和自主权，又有一种归属感，进入一种真正的集体主义社会。为使自主和归属之间形成真正的非对抗关系，为寻找一种共同生活的方式，他把注意力放在相互关系方面，求助于他所谓的未受干扰的主体之间的经验，这就是其交往行动理论的旨意所在。

1983 年，哈贝马斯出版了《道德意识和交往行为》，书中论述了关于商谈（话语）伦理学的基本观点。为了重新整合遭到严重破坏的"生活世界"的合理结构，使"西方民主制度"重新获得稳固的基础，哈贝马斯主张重建交往理性。他将交往行为的三大有效性要求提升到社会伦理原则高度，视为人人必须恪守的规范，试图以此约束人的行为、人与人的关系乃至整个社会实践，弥合"生活世界"与"制度"之间的裂痕，消除当代资本主义社会的矛盾和弊端，实现人与人之间的平等和社会公正、和谐。话语伦理的基本原则是保障每个人都享有平等、自由的话语权利，而这一原则得以实现的关键在于建立一种被所有话语主体认同、公平合理的、民主的话语程序和规则，防止并杜绝权力的非法使用。在民主程序与规则的基础上达成的共识，应当被视为得到公众普遍认同的决定而得到贯彻和遵守。

由于哈贝马斯的法哲学思想奠基于交往行动理论和商谈伦理学，因此本书将在后面将设专章介绍其交往行动理论和商谈伦理学。

四、后交往期

1989 年以后到现在，可以称为哈贝马斯学术历程的"后交往期"，其代表作有《在事实与规范之间》（1992）、《包容他者》（1997）、《后民族结构》（1998）等。

进入 20 世纪 90 年代，哈贝马斯全面转向政治哲学和法哲学领域，开始尝试把他的交往行为理论应用到政治领域和法律领域。作者的出发点是，现代社会要靠三种不同的媒介即货币（或市场）、权力（管理的力量或国家的行政管理）以及共同的价值、规范和语言来实现一体化。团结一致的共同生活观必须超越社会差异,而前提是所有公民都有机会通过民主方式参与立法。这就涉及法治与民主问题。哈贝马斯通过对一系列范畴的阐述,比如法的合法性、民主、人权、民族国家、多元文化以及全球化等,建立了一种程序主义的法律与民主模式,用以和新自由主义以及共和主义划清界限。1992 年出版的《在事实与规范之间》一书就是这一思想的代表作。该书事实上是对资产阶级民主法治国家模式的一种

中文版《在事实与规范之间—关于法律和民主法治国的商谈理论》

反思,其目的是要为资本主义的民主制度提供规范论证。有关该书的内容将在以后的章节中具体探讨。

第四章 交往行动理论

　　毫无疑问，哈贝马斯的交往行动理论表现出了令人敬畏的成就，这或许正是为什么在大部分当代社会科学文献被遗忘多年以后，我们所有这些社会理论研究者还将一直以此作为重要研究资源的主要原因吧。

　　　　　　　　　　　　　　　——［英］安东尼·吉登斯

　　首先，批判理论对社会科学的理论成果和分析哲学一直漫不经心，没有给予认真对待，也从未与之系统性地交锋过，如能交锋，便可以借以显示自己的意义。其次，它隐身在抽象的工具理性批判中，对我们这个十分复杂的社会只作了贡献微乎其微的经验主义分析。最后，它没有替自己的基本准则和地位提供一条确凿的理由。……这种困扰也就促使了我去煞费苦心地阐述交往行为理论，阐述吻合合法性要求的交往行为理论。

　　　　　　　　　　　　　　　——［德］尤尔根·哈贝马斯

　　哈贝马斯把人类社会的历史发展分为三种形态：原始社会、传统社会和19世纪末开始的晚期资本主义社会。他认为，晚期资本主义社会与自由资本主义社会相比，出现了两种新趋势：一是国家政权对经济和社会生活的干预；二是科学与技术的密切结合，并日益成为第一生产力。这两种趋势给晚期资本主义社会带来了一些新的特点：第一，由于国家政权对经济生活的干预，以国家政权为主要内容的政治力量已深入渗透到经济领域，造成经济与政治、经济基础与上层建筑的界限的消失。第二，由于科学技术成为第一生产力，而国家政权因深入经济领域而掌握了科学技术的管理和使用,因而科学技术就日益成为统治人民的工具和"解放的桎梏"。第三,晚期资本主义的社会基本矛盾形式发生了改变,它们不再具有"阶级冲突的形式",而在许多方面它已被技术管理上的矛盾所取代。最后,晚期资本主义社会中,剩余价值的源泉不再是工人阶级的劳动,而是科学技术的发明与运用。此外,哈贝马斯还认为,在晚期资本主义中,工人在许多方面与资本家已没有重大区别,因而对直接经济形式的社会解放已没有兴趣,他们已不再是"社会的批判力量"了。由此,哈贝马斯指出,晚期资本主义社会的危机虽然依然存在,但已不是过去的经济危机和政治危机,而是"合法性危机"。当前的社会问题已不再是政治的和经济的奴役和压制,而是意识形态的或人的本性的奴役和压制,"人已达到全面的异化"了。那么应该如何解决这些现实的社会问题呢? 哈贝马斯认为,有效的道路是采取社会改良,即实行政治民主化。而具体的构想,他是通过建构其"交往行动理论"来完成的。

　　1981 年出版的《交往行动理论》是哈贝马斯长期研究成果的结晶。在现代西方"语言学转向"的大背景下,哈贝马斯受现代语言哲学尤其是奥斯汀等人言语行为理论影响,在马克斯·韦伯合理性理论的基础上,吸收米德符号互动论、卢卡奇物化理论、胡塞尔生活世界思想、马克思交往学说,经过对早期法兰克福学派批判理论进行继承和改造,创立了交往行动理论。在《认识与兴趣》、《作为"意识形态"的技术与科学》、《交往与社会进化》、《什么是普通语用学》中,哈贝马斯的交往行动理论就已见雏形,但只是到《交往行动理论》一书出版,哈

马克斯·韦伯(Max Weber,
1864 年 4 月 21 日—
1920 年 6 月 14 日)

贝马斯才"以理论建设与对经典思想家的思想进行历史重建相结合的方式"创立了系统的交往行动理论，实现了传统批判理论向交往行动理论的转向。

要了解哈贝马斯的交往行动理论，首先应从它关于历史唯物主义的基本概念和基本原理的分析入手。哈贝马斯认为，人类社会自身的生产和再生产由两个不能相互隶属的过程构成：一是以有组织社会劳动为形式的社会生产过程；二是以道德和规范进行调节的交往过程。也就是说，人类的基本生存方式是劳动与交往。人同动物的区别不仅在于人能从事社会劳动，而且在于人能"用以语言为先决条件的社会规范系统取代动物的身份系统"①。劳动作为一种工具性行为，一种"目的－理性"行为，是一种强调行为目的、行为手段与行为结果之间内在一致性的行为。这种工具性行为反映人类基于技术兴趣而对自然具有的一种控制关系。而交往行为是指主体间遵循着有效性规范，以语言符号为媒介而发生的交互性行为，其目的是达到主体间的理解和一致，并由此保持社会的一体化、有序化和合作化。由此，哈贝马斯提出以劳动和交往的二元论来取代历史唯物主义的一元论。他认为，在晚期资本主义社会，劳动的"合理化"随着科技的飞速发展已实现，它越来越符合科技的要求，其结果是削弱和吞没了主体间的合理交往，把人的关系降格为物的关系，导致全面的物化。要扬弃科技的异化，就要建立合理的交往模式，以交往取代劳动在传统社会和传统社会理论中的核心地位，而这意味着社会历史理论的重大转变，即历史理性的关注点从"主体－客体"结构向"主体－主体"结构转换。正是主体间的交往行为的合理化可以消解科技和工具理性的异化性质，交往行动理论将深刻改变传统历史理论，哈贝马斯称之为"历史唯物主义的重建"。

---

① ［德］哈贝马斯：《交往与社会进化》，张博树译，重庆出版社1989年版，第145页。

一、工具理性与交往理性

在哈贝马斯那里,对理性问题的反思与探讨,构成了他的整个理论的出发点和核心。在哈贝马斯看来,在资本主义的发展进程中,理性越来越被局限于目的－手段的关系,萎缩成工具理性。资本主义现代化的历史,实质上是工具理性越来越发达、其运用范围无限扩张的历史,西方现化社会的许多弊病正产生于此。

资本主义工业化过程将理性完全纳入了工具化的轨道,目的－手段理性成为资本主义发展决定性动力。所谓工具理性是指被资本主义的唯功利原则"异化"了的理性,它仅仅着眼于"利益关系",即把是否能为人带来利益视为唯一的衡量尺度,因而与伦理和道德的要求相分离。工具理性的实质是:在目标确定的情况下选择达到这一目标最有效的手段,或在被给定的条件下现实地权衡和制定所要实现的目的。

哈贝马斯对理性在资本主义条件下的极端片面化和工具化提出了强烈指责。他认为,在现代资本主义社会,理性的片面化已走向极端,导致对自然和人日益严密、日益沉重的统治。理性的工具化一方面对资本主义的发展起到了巨大的促进作用,但另一方面也不可避免地导致了社会事实上的"非理性化",使资本主义社会制度的"合法性"逐渐丧失。工具理性的危害在于,它把问题本身的合理性变成了解决问题的程序、方法和手段的合理性,把一件事在内容上是否正确的判断变成了对一种解决方法是否正确的判断。它把人的生活领域和人际关系中的一切纳入官僚机构管理的范围,把诸多复杂的现象简化为可以用规则来处理的"典型案例",从而抹杀了个性的自由和个体间的差异。哈贝马斯认为,西方资本主义社会的理性化过程并未给人带来个性的自由和解放,相反,却将人置于一种建立在"技术原则"之上,以工具理性为万能武器的、不断扩张的现代资本主义官僚管理体制的统治之下。而这又加速了人在新的历史条件下的"物化",反过来极大地动摇了西方资本主义制度的"合法性基础"。

哈贝马斯在《交往行动理论》一书中提出了"交往理性"概念,他认为这个概念是对工具理性的反驳。在他看来,工具理性完全忽略了这样一个事实:人在生活世界以及彼此间的交往中遵循着一种完全不同于技术规则的特殊规范。这种规范必须通过语言的共识来形成,并以语言的形式而存在。人之所以为人,并不仅仅在于能自觉地进行物质必需品的再生产或工具的使用,而在于能够使用语言。人的自我意识的发展与语言的发展是不可分割的,因此,对人的行为的分析最终必须落实到语言。以语言形式进行的交往活动的主要内容应归结为"对建立在特定观念和原则的有效性的共同理解之上的和谐共处"。

如果用一个概念总结哈贝马斯一生(到目前为止)的学术追求和特色的话,那就是"交往理性"(communicative reason 或 communicative rationality)。这里的"交往"还可以译为"沟通"、"商谈"、"协商"或"对话"。哈贝马斯认为,社会的合理性问题,要通过人的行为的合理性来解决,主要是通过人的交往行为的合理性来解决。工具理性运用于目的已被决定后的阶段,为了达到这个目的,采用什么手段、方法或策略最为有效?怎样设计有关手段的具体内容?交往理性则是在人与人之间的交往行为中表现出来的。当一群人通过理性的商谈和讨论去互相理解、协调行动、解决问题或处理冲突时,这便是交往理性的体现。反过来,如果人类通过诉诸暴力以致战争来解决问题,这便是交往理性的反面。因此,当人们用和平的、理性的语言进行交往时,他们便是在使用和发挥其交往理性。

哈贝马斯认为,尽管霍克海默、阿多尔诺、马尔库塞等人深刻揭示了工具理性的泛滥给现代资本主义社会带来的异化现象和种种问题,但由于他们没有走出主体哲学的误区,没有自觉地意识到交往理性和工具理性的区分,因而没有把资本主义社会的物化、工具理性化和马克思所说的商品拜物教等理解为交往关系的扭曲。在哈贝马斯看来,要想深刻反思现代文明、彻底批判晚期资本主义社会,真正实现社会合理化,就必须对传统批判理论进行重建,并转变理论范式:从侧重于主体与客体关系、崇尚主体性的"意识哲学"转向侧重于语言与世界关系、崇尚主体间性的"语言哲学",从传统批判理论转向交往行动理论。

　　程序对于交往理性的发挥起着关键性的作用,因此,哈贝马斯把交往理性形容为一种"程序理性"(procedural reason)。为了描述有关程序性条件,哈贝马斯发展出其著名的"理想交谈情境"(ideal speech situation)理论。根据哈贝马斯的假设,理想交谈情境应具有以下特征:第一,在理想交谈情境下,参与讨论的机会是开放的和平等的,讨论的内容是自由的。"开放"是指任何有兴趣参加的人都可以来参加,"平等"是指所有参加者都有平等的机会进行发言,"自由"是指参加者可以畅所欲言,发言在内容上不设限制。第二,交往和讨论不会受到权力或权力关系的影响。例如,如果参加者包括雇主及其雇员,雇员由于害怕被雇主解雇,所以不敢说雇主不喜欢听的话,在这种情况下,沟通便要受到权力的左右。同样,如果参加者有平民和官员,平民害怕得罪官员而不说心里话,不敢据理力争,这也是权力扭曲商谈空间的例子。在理想交谈情境里,沟通是无强迫或强制性的,没有人会因为权威的压力而被迫说违心的话或被迫保持沉默。第三,参加讨论者必须持有一种开放和理性的态度,这就是说,他们必须尊重其他参加者,认真聆听他们的意见;在思考问题时,参加者不应只从自己的角度去考虑问题,而应愿意把自己放进他人的位置去考虑问题,尝试从他人的角度和利益出发来思考。最重要的是,参加讨论者应尊重有关事实和道理,不固执己见,而须从善如流,勇于放弃自己的意见,而去接受他人提出的更有理、更好、更具说服力的观点。当然,这是不容易做到的,正因为如此,理想交谈情境是一个"理想"的模式,是应然而非实然的东西。在理想交谈情境的条件获得满足的情况下,人们进行沟通讨论便是理性的,是人类交往理性的体现。

二、系统与生活世界

系统与生活世界是交往行动理论的第二个重要概念,在哈贝马斯看来,它是使交往概念完备化的不可缺少的概念,是行为理论过渡到社会理论的桥梁。那么,何谓"生活世界"? 何谓"系统"? 两者又有怎样的关系呢?

哈贝马斯在概念上把社会划分为生活世界与系统两个层面。他认为社会一方面是"生活世界",在其中,人们在共同的背景下通过交往行为进行互动;另一方面,社会也是系统,由政治、经济等担负不同功能的子系统组成。

现象学之父胡塞尔

生活世界概念最先是由德国哲学家、现象学之父胡塞尔(Edmund Gustav Albrecht Husserl,1859 年 4 月 8 日—1938 年 4

月 26 日)提出的。在胡塞尔那里,生活世界指人们生活于其中的、现实的、具体的、通过经验能被经验到的周围世界。这个世界是人们通过主体之间建立的,是所有人类的实践基地和领域。胡塞尔认为,对于世界的科学考察是在生活世界发生的,但科学技术的发展经常掩盖了科学本身的目的,以至于人们忘记了作为科学发源地的生活世界,欧洲文明的危机在于科学危机、人性危机、整个生活世界的危机,因而必须回到作为科学意义基础的"生活世界"。这样才能重新找回人的价值和意义,才能把哲学建成严密的科学。

哈贝马斯的"生活世界"概念,显然受到胡塞尔的影响,哈贝马斯用它来把握现代社会的基本结构,是为了说明交往行动中主体之间的关系而引入的。在哈贝马斯那里,生活世界是人们日常生活的世界,也是他们亲身感受和经验的源泉,是人们进行交往行为的背景知识。生活世界的运作媒介不是金钱和权力,而是人与人沟通时所使用的语言符号。哈贝马斯强调,生活世界是人类交往行为的背景和基础,而交往行为则可被理解为对生活世界的表述。在生活世界里,人们在互为主体的基础上进行交往、互动、对话和沟通,他们寻求彼此的互相承认和理解。

生活世界分为两个领域,即私人领域和公共领域。私人领域是指家庭、亲友等与个人私密生活有关的领域,而公共领域是指社会大众理性的讨论公共事务的空间或沟通网络,它是一个自由和自主的空间,不隶属于政治系统或经济系统,它是沟通理性在社会层面的最高体现。在公共领域中,在"理想的交谈环境"下,人们可以自由和平等地、在不受权力扭曲的沟通环境中就社会问题进行理性的讨论,从而形成公共意见以至公共意志,那么,这时交往理性便被彰显,交往权力得以发挥,这便是人类处理社会问题的最佳方案。

在《交往行动理论》(第二卷)中,哈贝马斯开宗明义地指出,生活世界的结构一般具有三个层次,即文化、社会、个性。

生活世界以文化的再生产、社会的整合和个性人格的形成为标志,生活世界的生产和再生产过程是社会进化的标志,是客观世界、社会世界、主观世界成为可能的前提条件。哈贝马斯还认为,人们之所以忽视生活世界,是因为生活世界在认识过程中处于前反思的形式中,即生活世界虽然是客观世界、社会世界和主观世界的统一体,却不是我们的认识对象,而是我们的认识背景。生活世界是不受批判的,一旦它成为认识对象、成为一种知识的来源,它就失去作为生活世界的特征。

概括来讲,胡塞尔的现象学对哈贝马斯"生活世界"概念的影响表现在:首先,哈贝马斯的"生活世界"也是由主体之间构成的,即由人们的交往活动构成的。哈贝马斯认为,人类认识的发展,就是由自我中心的世界观向承认多元的世界观的发展。在他看来,哲学、社会学的出发点应该是相互关系,而不是自我或客体。人们生活的环境是由相互关系之网构成的,这种相互关系主要不是主体与客体之间的关系,而是主体之间的相互关系,是独立的、能动的主体之间的关系。这种相互关系是每一个主体都必须面对的。处理好这种关系,不仅关系到主体的发展,而且关系到由各个主体所构成的社会的发展。哈贝马斯提出生活世界这个概念,就是要人们注意这个由主体之间相互关系之网所构成的世界。其次,哈贝马斯的"生活世界"概念与胡塞尔的"生活世界"一样,也包括了人类的一切实践领域,它是客观世界、社会世界和主观世界的统一体。第三,哈贝马斯强调"生活世界"概念,也是为了反对科技的发展掩盖了科技本身的目的,理性的发展成为统治人的工具。在此方面,哈贝马斯坚持了法兰克福学派的传统,反对作为人类改造自然的工具的科学技术对于人的统治,反对作为人的认识工具的理性对于人的统治。

然而,哈贝马斯的"生活世界"概念也与胡塞尔的"生活世界"有所不同。胡塞尔所提出的"生活世界"概念主要是从认识论角度谈的,把生活世界作为认识的来源和认识的目的;哈贝马斯的"生活世界"概念则是从社会学角度谈的,他把生活世界作为交往即相互关系的产物和前提,用生活世界来说明交往的特点、社会背景和文化背景。哈贝马斯认为,生活世界是由多元的、固定的背景构成的。这种背景既然是多元的,就包含着差异;既然是固定的,就包含着传统,即前人的解释成就。于是,这些差异和传统就构成了解释活动和理解活动的一个源泉。今天的解释和理解活动就是在与不同的世界观、与本身的传统的讨论中发展起来的。

在哈贝马斯那里,"系统"是与"生活世界"相对应的概念。哈贝马斯认为,复杂的、其自主性和独特的运行逻辑的社会系统的出现,是社会演化的结果。现代社会的一个主要特征就是系统发达,人类生活的很大一部分受控于系统。现代社会主要有两个系统:一是经济系统,即市场经济或商品经济;二是政治系统,即国家、官僚和行政的体系。哈贝马斯指出,这两个系统有其各自的控制媒介,经济系统的控制媒介是金钱,政治系统的控制媒介是权力。系统的存在和运作有其正面的社会功能,如维持社会的秩序和促进经济效益。但系统的根本问题是,其运作是以非人化的甚至是以非人道的逻辑进行的,不以一般人的意愿为转移。这是因为在系统中协调和整合人们行为的并非是沟通行为,而是金钱、权力等系统控制媒介。在系统的运作中,理性是有其作用的,但这种理性主要是工具理性,非交往理性。

哈贝马斯正是以"生活世界"和"系统"的双层次结构模式为基础,以交往合理性为中心范畴,展开对西方社会的诊断。他认为,在生活世界里,行为是由规范来协调的,而在各种系统中,行为是由作为操控手段的金钱和权力来调节的。随着现代社会的发展,系统与生活世界日益分化为不同的部分。生活世界分化为各自分离的文化、社会与个性的知识库;系统则分化为彼此区分的制度群,如经济、政治、法律、家庭和其他制度。本来生活世界的再生产过程与社会整合的系统运行是相辅相成的,但现代西方社会的基本特征,则是系统和生活世界严重分离,生活世界越来越受到系统的挤压。其中,经济系统以货币为媒介侵入了"生活世界"的"私人领域",从而导致"新教伦理"不再对个人行动和生活产生重大影响。同样,行政系统则以权力为媒介侵入了"生活世界"的"公共领域",其结果是政治合法性的丧失。生活世界沦落为众多系统中的一个,系统越复杂,生活世界就越空洞。哈贝马斯把这种现代性的畸形现象叫做"生活世界的殖民化"或"系统对生活世界的侵入"。

哈贝马斯指出,正是"生活世界的殖民化"导致了善与恶、真与假、美与丑意义的解体,判断事物的标准的模糊,以及人与人关系的破坏。经济、政治、司法、教育等领域形成了各自特有的规则,已经与最初的宗旨发生异化。如在经济领域,以利润为目的的资本主义生产使职业劳动最大限度地工具化,带来越来越沉重的效率压力;竞争机制的普遍化使人彻底沦为资本的附庸和"顺民",丧失了独立人格;商业化和金钱化将人际关系变成彻头彻尾的交换关系,人与人之间相互同情、相互帮助的道德风尚不复存在;而生活方式的消费化则使人不由自主地陷入了市场的控制,成为商品交换的奴隶。这就是说,现代社会的合法化导致生活世界核心部分的官僚化和金钱化。现代社会的各种病态现象,如意义的丧失、社会的失序、政治的不民主、心理变态等等,都是源于社会的金钱化和官僚化。在西方发达社会,近几十年来,不断展开的各种冲突不再发生在物质生产领域,而是主要发生在文化再生产、社会整合和社会领域,也就是说,冲突的社会根源涉及生活质量、个人的自我实现、人权、公正等新政治问题。这种转换恰好与生活世界的殖民化主题相符合。和平运动、公民隐私运动、自由选择运动、少数民族运动、宗教运动、绿色运动归根结底是针对生活世界的金钱化和官僚化的。

因此,所谓"生活世界殖民化",就是作为现代文明系统的市场经济体制和官僚政治体制借助于货币和权力这两个媒介、侵蚀原本属于非市场和非商品化的私人领域和公共领域,使之金钱化和官僚化,从而生活世界就被金钱和权力所摄控,生活世界的意义和价值也因此而丧失。

那么,如何避免系统对生活世界的控制和侵犯即"生活世界殖民化"呢? 哈贝马斯立足于他对社会同时作为系统和生活世界的理解,认为需要区分两种合理化:一种是系统合理化;另一种是生活世界合理化。系统的合理化表现为生产力的提高,支配技术力量的扩大。生活世界的合理化表现为解放,个体化和自由交往活动的扩大。哈贝马斯在其著作中反复表明,要实现生活世界的合理化只有通过交往行为。他指出,要克服现代性的合法性危机,避免系统对生活世界造成控制和侵犯,就必须使系统重新定位于生活世界之中,必须重建生活世界和系统之间的平衡机制,根本办法是实现交往行为的合理化。哈贝马斯实际上将生活世界的合理化问题归结为交往行为的合理化问题,其关键在于交往理性的重建。他认为,真正的合理性内在于交往行为中,社会整合只能建立在交往理性之上,只有通过理性交往才能达到对文化的共同界定,形成社会团结和个性人格,使社会得到真正进步,人类得以真正解放。要重新对社会进行整合,在宏观方面必须重建"公共领域",即通过交往理性而不是靠权力和金钱来制定政策;在微观方面必须把"私人领域"建立在理性交流基础上,真正实行交往行为合理化,不断增强人际协调和团结,满足形成个性人格的要求。

三、交往行动

在《交往行动理论》一书中,哈贝马斯区分了四种行动和四个世界,并论述了它们之间的关联以及每种行动的不同有效性要求。哈贝马斯首先将人的社会行动区分为四种类型,即目的行动、规范调节行动、戏剧行动和交往行动。第一种社会行动是目的行动。目的行动是行动者以成功为取向,通过选择有效的手段,并以适当的方式运用这种手段,以实现某种目的的行动。根据行动的相关对象是一个客体还是一个主体，目的行动可分为"工具行动"和"策略行动"。工具行动旨在影响一个客体，策略行动旨在影响一个主体。前者专注于某种既定目标与达到目标的手段之间的联系。后者则力图以某种方式影响对方的决策过程，从而使整个游戏结果对自己有利。目的行动的中心范畴是"行动计划"。目的行动虽然涉及主体和客体两方面关系，但是不能说是相互关系，因为两者之间不是互动的。

第二种社会行动是规范调节行动，即一个社会团体的成员以遵循共同的价值规范为取向的行动。这类行动涉及的是社会团体各个成员之间的相互关系，每个成员都必须遵守社会团体共同认可的规范。规范调节行动的关键是遵循规范。所谓规范，是指一个社会集团所形成的一致意见。遵循规范，就意味着满足某种普遍化的行为要求。在哈贝马斯看来，规范调节行动也不属于相互关系的范畴。因为这种规范虽然是人们普遍认同的，但是它一旦成为一种社会规范，就不再属于主体自身，而是一种外在于主体的普遍化要求。在规范调节行动中，人们对于规范的认同过程不重要，重要的是遵循规范调节自己的行为。于是，人们之间的关系就不是一种相互关系，而是一种共同服从规范的关系。

第三种社会行动是戏剧行动，是指行为者在观众面前以一定的方式表现自己，目的是使观众以一定的方式看到并接受自己所表现的东西。在这种行动中，每一个人既作为演员参与到行动中，又作为他人行动的观众观看他人的表演。戏剧行动不是一种自发表达活动，而是一种吸引观众的自我表现活动，戏剧行为的关键是"自我表现"。戏剧行为涉及的是主体与其他主体的关系，人们之间可以互为表演者、互为观众，这似乎是一种主体之间的相互关系，但在哈贝马斯看来，这仍然不是他所主张的相互关系。因为表演者只注重观众的观看和接受，而不是想与观众合作与交流。作为表演的一方，其意向是单向的，而作为观众一方，依然是被动的。人们之间并不是相互交流的主体之间的关系,而是表演和观看、表现与接受的关系。

第四种社会行动是交往行动,它是指两个以上具有语言能力和行动能力的主体之间,以使用语言或非语言符号作为理解其相互状态和各自行动计划的工具,以期在行动上达成一致的活动。交往行动的核心范畴是"相互理解"。交往行动是人与人之间的相互主体性(inter‐subjective)的表现,相互主体性是指人作为主体与另一个人作为主体的互动关系,这有别于以他人或客观世界为客体的目的性行为。交往行动的特点,在于它的非工具性、非目的性、非策略性。它不是以"成功"为取向的(它不是为了成功地实现某外在目标),而是以"理解"为取向的。纯粹的交往行动没有任何外在目标(如赚钱或为自己谋取某种利益),如果它有目标的话,这目标便是理解对方,与对方交换意见,从而尝试达成共识。交往行动的重大意义,在于它的前提是人与人之间的相互尊重和承认,因为尝试了解对方的观点或尝试说服对方接受自己的观点这个行动本身,便蕴涵着对对方作为主体的尊重和承认。因此,交往行动是人与人之间互相尊重和承认的表现。通过以语言为媒介的交往行动,可协调和联系社会中不同人的行动,促进社会的有效运作。哈贝马斯把这种以交往行为为基础的"互动"与马克思所说的"劳动"相提并论,认为劳动是物质的生产,互动则取决于符号(如语言文字)的生产,两者都是人类历史发展的动力,是同样重要的。

哈贝马斯之所以细致地区分各种行动类型,正是为了凸现交往行动的基本品质,从而建构其恢弘的社会理论大厦。不过,在其现代法律理论中,哈贝马斯特别强调交往行动与策略性行动的区分,认为这是当前法律与民主理论中的基础性概念之一。

要深入把握哈贝马斯所划分的四种行动类型,还要注意其对"世界"类型的区分。

通过对"世界"这个概念的反思,哈贝马斯认为"世界"不能被视为一个无所不包的单质整体,而是一个具有多个领域的

"分散"化存在,因而世界可以区分成四个领域,即客观世界、社会世界、主观世界和生活世界。所谓"客观世界"是指事物现存状态的世界,系真实存在的客体世界。所谓"社会世界"是由一定价值规范构成的社会成员之间关系的整体,实际指规范、价值以及其他被认识到的社会期望的总和。所谓"主观世界",是指人的自发经历汇成的世界。而"生活世界"则是客观世界、社会世界和主观世界成为可能的前提条件。

在哈贝马斯看来,通过目的行动,角色与客观世界发生关系,因此目的行动的有效性要求是真实性;通过规范调节行动,角色与社会世界发生关系,因此规范调节行动的有效性要求是正当性;通过戏剧行动,角色与主观世界发生关系,因此戏剧行动的有效性要求是真诚性。

与这些行动不同,交往行动的重点是通过对话达到人与人之间的相互理解和一致,因此其有效性要求是可领会性。哈贝马斯认为,在交往行动中,人与世界的关系不仅像在目的行动、规范调节行动和戏剧行动中那样是一种直接的关系,而且还是一种反思的关系。在这种反思的关系中,人们不再直接与客观世界、社会世界或者主观世界发生关系,而是以对包括上述三个世界的整个世界的理解为前提,反思地或间接地与客观世界、社会世界或主观世界相联系,并根据理解和商讨原则,对事物作出相对的表达。因此,交往行动与真实性、正当性、真诚性要求都有可能发生关联,它同时要求真实性、正当性、真诚性。交往行动的这三个有效性要求,是交往理性得以进行的决定性前提,也是生活世界是否合理的根本标志。

在《交往行为理论》一书里哈贝马斯论述了四种社会行为与世界的关联及其有效性要求。下表可以清楚地表述这些内容。

社会行为	与社会行为对应的世界	社会行为的有效性要求	行为的协调机制
目的行为	客观世界	真实性	影响
规范调节行为	社会世界	正当性	
戏剧行为	主观世界	真诚性	
交往行为	客观世界 社会世界 主观世界	真实性 正当性 真诚性	同意

　　具体来说,在哈贝马斯看来,一个成功的交往行动,需要满足以下四个要求:第一,言说者所说的句子必须合乎语法,且必须选用一个使说者与听者能相互理解的可领会的表达,这是可领会性要求;第二,言说者的表达必须说出或提供出可理解的某种东西,这种东西是确实存在的,而对它的陈述在内容方面又是真实的,这是真实性要求;第三,言说者的表达必须真诚地表露自己的意向,以取得听者的信任,这是真诚性要求;第四,言说者所选择的话语必须符合公认的规范,以便听者能够接受,从而使交往双方能够在公认的规范背景下取得共识,达成一致,这是正确性要求。哈贝马斯指出,这四种基本要求并不是完全平行并列的。对交往行为来说,最主要的是"真实性"、"真诚性"、"正确性"三种要求。

　　需要说明的是,在哈贝马斯的社会理论中,"行动"(德语的Handein 和英语的 action)和"行为"(德语的 Vethalten 和英语的 behavior)的区别是基本性的。1971 年哈贝马斯在美国普林斯顿大学作了一系列演讲,其中第一个演讲的第一节的标题就是"行为与行动的区别"(Verhalten versus Handel/Behavior versus action)。在哈贝马斯看来,"行动"和"行为"之间的关键性区别,在于前者一定是意向性的,而后者可以是非意向性的,事实上他常常用这个词表示非意向性的行为。行动之所以是意向性的,是因为它是受规则支配的。

四、语言的作用

由于哈贝马斯强调以相互关系作为他的交往行动理论的出发点,因此他特别重视交往媒介的作用。哈贝马斯强调了交往与行动的区别:交往是以语言为媒介的,而语言又是为理解服务的;行动则是行动者遵循技术规则或社会规则进行的身体的运动。交往行动就是行动者通过语言交流,相互理解,使自己的行动得到合作,以实现一定的目的。交往行动的关键是解释或理解,即通过解释或理解以达成意见一致。因此,语言这一媒介在交往行动中具有特别重要的地位。就像马克思认为"商品"这个细胞包含着资本主义胚胎的萌芽一样,哈贝马斯则认为"语言"中包含着人类欲求的一切价值和理想。"当语言在德里达等人那里,像一匹桀骜不驯的烈马'践踏意义、蹂躏真理、损害道德与政治,并抹去历史',哈贝马斯则用语言使历史恢复秩序,人类恢复尊严,保证了道德的基础,培养了民主要素。"①哈贝马斯的交往行动理论是在吸收了语言哲学的重要成果的基础上建立的。

众所周知,西方哲学发展经历了三个阶段。第一个阶段:本体论阶段,研究存在、实体;第二个阶段:意识哲学阶段,研究意识、主体;第三个阶段:语言哲学阶段,研究语言。20 世纪上半叶哲学的语言转向对各个理论领域都产生了巨大的影响。最早提出言语行为概念的是 J. R. 奥斯汀,奥斯汀对 20 世纪语言哲学的重大贡献在于他改变了人们对语言本质的认识。如施泰格穆勒(施太格缪勒)所言,奥斯汀之前 2000 年的语言学家都没有意识到如此平凡的真理,即说话是用来做事的。② 奥

---

① [英]佩里·安德森:《当代西方马克思主义》,余文烈译,东方出版社 1989 年版,第 88 页

② [德]施太格缪勒:《当代哲学主流(下)》,王炳文译,商务印书馆 1992 年版,第 112 页。

斯汀使传统哲学家眼里"描画"世界、传递信息、送别真假的语言具有了一种新的功能,即行为功能。他使人们认识到语言的本质在于它是人类的一种特殊行为,从而使人们将语言改入到动态的理解中,即交流中来理解语言。

奥斯汀的著作
《如何以言行事》

早在 20 世纪 60 年代海德堡任教前后,哈贝马斯就不仅注重继承德国思辨理性哲学的批判传统,而且还注重吸收英美经验哲学的分析哲学理论。维特根斯坦的日常语言哲学、奥斯汀的言语行为理论对他影响很大。哈贝马斯严厉驳斥了解构主义语言理论将语言视为一个与实在世界无关的、自满自足的符号系统的观点,强调在语言分析中必须引进"社会机制"。他并未走分析哲学之路,去研究语言的语法构成和逻辑,或执著于语义学研究,而是强调日常语言的语用学分析,突出语言的交往功能和社会实践功能,试图通过对日常语言的语用学分析,揭示内在于语言的生活世界的理性结构、语言交往的基本有效性要求及其在规范人与人关系和人的社会实践方面所承担的决定性作用。正是在此基础上,哈贝马斯提出了研究言语行为的普遍语用学,为他的交往行为理论奠定了哲学基础,同时它也是实现交往行为合理化的基本前提。

一般来说,任何一种语言都包含三种要素:一是语言的使用者;二是被说出的语言表达式;三是表达式所指或意义。句法学研究表达式的结构与表达式的关系,而不管表达式的意义。语义学研究表达式和表达式的意义。语用学则研究语言的使用者。人们曾经普遍认为语言的首要功能是描述事实,但这种看法受到了维特根斯坦的挑战。他认为语言不仅可用于报道事实,而且可用于下命令、祈祷、发问。描述事实只是语言的许多功能之一。因此,他批评那种单纯认为语言是描述事实的说法。另一位语言学家奥斯汀则把言语行为分了三个层次,即"话语行为"、"话语施事行为"、"话语施效行为"。话语行为是说出某个表达式(具有意义的语句)。话语施事行为是"以言行事的"力量说出某个表达式,如承诺、命令、警告。话语施效行为即通过说而达到某种效果的行为,如劝服、制止、使惊讶等。哈贝马斯认为维特根斯坦和奥斯汀首先发现了语言所具有的这种集行事和命题于一身的双重结构,并且继承了这种"言语行为的双重结构原理"。

语用学转向对传统的意识哲学产生了猛烈的冲击,导致了一个新的概念的产生,即主体间性。它超越了意识哲学范式,从主体性转向主体间性。那么,什么是"普遍语用学"呢?哈贝马斯用"普遍语用学"来指称那种以重建言语的普遍有效性基础为目的的研究。普遍语用学是一种"语言使用"理论,也可以说是交往能力理论。它指出人如何能够利用语言,协调人与人之间的行动。"普遍语用学"的研究主题,不只是包括人在创造、理解及判断任何句子是否合乎语法的能力,而是更进一步地研究"言说活动",即当我们说一句话时,我们不只是表达"言说"的句子中的意义,同时也在使用"言说"的句子中的意义去影响他人的行动,从而实现人与人之间在行动上的协调。

哈贝马斯在《什么是普遍语用学》一文中明确指出,普遍语用学的任务就是确立"交往行为的一般假设前提"。哈贝马斯承认传统语言学关于语言与言语的划分,[①]并把言语行为作为其普遍语用学的研究对象,这与后期维特根斯坦的语言游戏论是基本一致的。这种研究导致把语言纳入广泛的社会生活背景和人际关系中考虑。从语言到言语的过渡,意味着从语言到

---

① 即言语是人们日常的对话和交谈,是使用语言的行为;语言则是言语中的一般结构,是通过逻辑分析和结构分析抽象出来的,是表达的规则系统。

人与人之间关系的过渡,语言的社会性在哈贝马斯的语言哲学中凸现出来。

　　在哈贝马斯看来,言语行为即以理解为目的的行为是最根本的行为,其他形式的社会行为都是这种根本行为的衍生物。哈贝马斯在这里所说的"理解"主要不是一种认识活动,而是一种相互作用的实践活动,是主体之间的交往活动。哈贝马斯论述了言语的有效性基础。他认为任何处于交往活动中的人,在施行任何言语行为时,须满足若干普遍的有效性要求,并假定它们是可以被验证(或得到兑现)的。这些有效性要求包括:(1)可理解性,说出某种可理解的东西;(2)真实性,提供给听者某种真实的陈述;(3)真诚性,表述自己的意向,为他人所理解;(4)正确性,说出本身正确的话语,与他人达成认同。达到理解的目标是导向某种"认同",而可理解性、真实性、真诚性、正确性要求则构成了"认同"的基础。对于理解来说,后两项要求即真诚性和正确性是更重要的。他认为,理解过程与单纯的认识过程或语言的运用过程不同,在单纯的认识过程或语言的运用过程中,其有效性的首要条件是所言的真实性和可理解性;而在理解过程中,除了要求言语的可理解性和真实性外,还必须要求言说者的真诚性以及所言的正确性。即言说者必须选择一个可领会的表达以便言说者和听者能够相互理解;言说者必须有提供一个真实的陈述的意向,以便听者能分享言说者的知识;言说者必须真诚地表达他的意向以便听者能相信他说的话语;最后,言说者必须选择一种本身是正确的话语,以便听者能够接受,从而使言说者和听者在以公认的规范为背景的话语中达到认同。

　　哈贝马斯建立普遍语用学,是为他建立交往行动理论服务的。哈贝马斯把交往关系分为三个层面:一是认识主体与事件或事实世界的交往层面,二是社会中实践主体之间的互动关系的层面,三是成熟的主体与其自身的内在本质、与他者的主体性关系的层面。他认为,只有言语行为而不是其他行为,才能包括这三个层面的交往关系,因此言语是其他社会行为的基础。他认为,要建立合理的社会秩序,走向合理的社会,首先必须使人们的行为合理化。而在社会之中,人们的行为要合理化,必须在人们之间达成默契、协议、一致,这就需要相互理解。而相互理解是建立在语言交流的基础上的,言语是交流、理解和相互认同的中介。在言语活动中,言者与闻者之间没有主体与客体的区分,而是一种主体之间的双向交流和选择。哈贝马斯认为,只有具有语言能力和行为能力的主体,才具有合理的交往行为。他把语言能力和语言行为作为人类的一种主要能力和行为,为交往行动理论的研究奠定了基础。

　　哈贝马斯具体研究了语言在各种行动中的作用。他认为,在目的性行动中,语言是许多媒体中的一种,行动者通过语言试图影响别人,使别人发表符合自己利益的意见或作出符合自己利益的决断,从而实现行动者对于客观世界的意图。在规范调节性的行动中,语言首先是一种可以提供文化价值、取得意见一致的媒体,它主要是帮助人们建立规范和行动导向,建立社会世界(相对于客观世界和主观世界)的合法关系。在戏剧性行动中,语言是自我表现的媒体,表现行动者的认识和情感,再现行动者的主观世界。上述三种行动都只注重了语言的一种功能,而没有同时注意到语言的其他功能。只有在注重相互关系的交往行动中,语言才同时承担陈述和判断事实的功能。它使行动者与客观世界发生联系,承担帮助人们达成共识的"理解媒体"的功能;使行动者与社会世界发生联系,承担表达功能;使行动者展示自身的主观世界。只在这种行动中,行动者才同时与客观世界、社会世界和主观世界发生联系,并在主观世界交流中,在评判客观世界、社会世界中达成共识。在注重相互关系的交往行动中,对于作为行动者的发言者,要求其论断或判断具有真实性、其语言和行为所涉及的规范具有正确性、其表达的经历具有确实性,以便其他行动主体的理解和认同。

第五章　话语伦理学

真正的政治如果不向道德宣誓效忠，就会寸步难行。尽管政治本身是一门艰难的艺术，然而，它与道德的结合却根本不是什么艺术，只要双方发生冲突，道德就会剪开政治所解不开的死结。

——[德]伊曼努尔·康德

我提出的话语伦理学所主张的恰恰是，话语的共识必须满足以下条件：每一个有语言和行为能力的主体在自觉放弃权力和暴力使用的前提下，自由、平等地参与话语的论证，并且在此过程中，人人都必须怀着追求真理、服从真理的动机和愿望。不但如此，通过话语共识建立起来的规则，还必须为所有人遵守，每个人都必须对这种规则的实行所带来的后果承担责任。

——[德]尤尔根·哈贝马斯

为了论证实现"交往行为"合理化必须由"共同的、普遍的"规范标准来指导，哈贝马斯提出了话语（商谈）伦理学，该理论体现在他分别于1983年和1991年出版的《道德意识与交往行动》和《话语伦理学解说》①两部著作中。话语伦理学的理论基础是交往行为理论，它是交往行为理论在伦理学领域里的运用和拓展。

---

① 也有人译为《对商谈伦理学的阐释》。

一、话语伦理学与交往理性

"话语"是 20 世纪 60 年代至 70 年代随着西欧"后结构主义"语言哲学的兴起而出现的一个新概念,德文为 Diskurs,英文为 discourse,法文为 discours。伦理学一般说来是对于伦理和道德进行的学术上的反思。哈贝马斯的话语伦理学具有深刻的理论和社会背景。在哈贝马斯看来,现代社会不可逆转的多元化状况日益加深,随着传统文化的解体,行为关系的调节规范不再依赖特殊地域和文化共同体历史形成的信念和行为方式,规范已经变得反思化了,由此道德义务的性质也发生了变化。人在接受某一规范之前,首先必须对规范进行反思的自我证明,这就需要一种规范人的证明实践的理论。话语伦理学即承担着这一任务。

哈贝马斯将商谈伦理学的原则建立在交往理性的基础上,他认为脱离交往去寻求一种至上的道德的客观法则,不但不可能真正建立起道德原则,而且还扼杀了人性。因此,必须走向交往理性,通过主体的学习机制,获得交往性资质,以便实施合理的交往行为。哈氏强调,交往理性与工具理性有本质区别:工具理性是被功利主义原则浸染了的理性,它仅仅把是否能为人们带来利益看做唯一标准,为了获取利益,它甚至可以完全无视道德要求;而交往理性主要包括,认识主体与客观世界的关系;在社会世界中,一个实践主体与其他主体的关系;一个成熟而痛苦的主体,同自身主体性、他者主体性的关系。交往理性以语言行为为基础,以交往过程中的相互理解和相互协调为机制,以达到交往共同体中主体之间的共识为目标。它不仅注重交往行为的可能性和目的性,而且把道德诉求视为人人必须遵守的行为准则。因此其在本质上是对话性的。交往理性不仅是交往行为理论的核心概念,也是话语伦理学的核心概念之一。

二、理论商谈与实践商谈

哈贝马斯认为,人类的交往可分为两种,即信息交换与商谈。信息交换一般在一定的规范下进行,但当规范的正当性受到怀疑时,人们就需要展开商谈。

在哈贝马斯那里,"商谈"这一概念有着特殊的含义,它是指在不受强迫控制的环境中的交往。在哈贝马斯看来,在日常行动中,任何一种言语活动都会提出一些有效性要求,并且也能多多少少被接受下来。但这种接受一般是直觉的,真正实现对有效性要求进行检验,并把它们呈现出来,还要靠主体之间的商谈。也就是说,交往是一种实践,但商谈是对交往进行检验的一种实践,因而是一种实践之实践。在这种意义上,交往行动与商谈没有本质的区别,商谈只不过是交往行动的反思的继续。正因如此,哈贝马斯才将交往行动区别为日常交往行动和反思性的交往行动,后者也就是商谈。根据哈贝马斯的理解,商谈是交往的非现实形式,或者说"理想化"形式。在商谈过程中,当事人全部参加,其以往经验中的相关内容停止发挥作用,每个人提出适当要求并发表自己的看法,作为权威只确认最好的论证,目的是就所提出的要求的有效性或无效性达成共识。

根据哈贝马斯的研究,在任何有效的"言说活动"中,都预设着四项"有效性要求",即"可理解性要求"、"真实性要求"、"正确性要求"和"真诚性要求"。"可理解性要求"只限于涉及言辞是否合乎语言本身的语法,其他三项"有效性要求"皆指涉及人所处的三个世界:在"命题内容"或涉及外部客观世界方面,陈述是真实的;在关于现存的规范关系或社会世界方面,陈述是正确的;在表明经验者的意图与其主观感受即主观世界方面,陈述是真诚的。在现实的交往活动过程中,这些有效性要求被提出、接受或被反驳。

我们可以举例加以说明。一位老师在上课时要求一个学生替他取一杯水。这首先要假设听者能够理解言说本身的意义，也就是要求言说的句子本身在语法上是清楚明白的，即符合"可理解性要求"。进而，老师的要求预设了"真实性要求"，即在学校范围内"真的"是可以取得清水，这是指涉"客观外在世界"的真实情况。第三，老师的要求也预设了"正确性要求"，即基于老师在学校内所拥有的权威，他是可以要求学生为他取水的，这是指涉着"社会世界"的道德规范。最后，老师的要求也预设着"真诚性要求"，即老师是"真诚"地要求一杯清水，并不是开玩笑或说谎，这是指涉着老师的"主观内在世界"的需要。对于这些预设的要求，学生不一定会接纳。因为他可以认为老师的要求不合乎这些"有效性要求"，进而提出一连串的质疑：老师是否词不达意，致使学生不明白老师的意思；或学校内是否真的有清水；或老师是否有权要求学生代取清水；或者老师是否在开玩笑。如果老师仍然希望说服学生为他取清水，而且不用任何"强迫性的力量"使学生服从的话，他就必须使学生重新接纳那些被质疑的"有效性要求"，让学生觉得接纳那些"有效性要求"是合理的。老师不以武力或自己的权威去强迫学生，而是以理由与学生讨论。于是出现这样的过程：言者提出"有效性要求"，听者对这种"有效性要求"质疑，言者再兑现这种被质疑的"有效性要求"。这就是一个"商谈"的过程。但是，在哈贝马斯看来，在四种有效性要求中，只有"真实性要求"和"正确性要求"可以通过"商谈"兑现。因为要兑现"可理解性要求"，只要言者遵守语言的语法规则，把意思再表达出来就行了。实际上，"可理解性"是所有成功交往的条件，无须商谈。要兑现"真诚性要求"，则只有依赖于言者在日后是否言行一致来决定。因此，"真诚性要求"不具有"商谈能力"，无法靠"商谈"来兑现。这样，在哈贝马斯那里就有两种形式的商谈：其一是理论商谈，其二是实践商谈。在理论商谈中，参与者讨论与命题有关的真实性要求，只以理论形式进行论辩。这种讨论，只有当他们采取客观化态度并预设与客观世界的关系时，才是可能的。在实践商谈中,参与者利用论辩手段讨论他们的正确性主张。他们采取遵从规范的态度,并且预设与社会世界的关系。简言之,理论商谈的目的是证明真实性要求,它所要解决的是知识论问题;实践商谈的目的是证明规范的正确性要求,它所要解决的主要是伦理或道德问题。

　　哈贝马斯的理论商谈是对有关命题的真实性要求的论证,这实际上涉及其对真理问题的认识。在哈贝马斯看来,所谓真实,仅仅是人际交往的一种"有效性要求";所谓真理,不过是这一要求的实现。① 在真理观上,最为古老也最流行的是真理符合论。这种理论把真理定义为"话语所陈述的内容与实在事物的相符"。哈贝马斯认为这种真理观存在严重缺陷,因为它预设了实在世界和语言世界的对应关系。"实在"乃主体意识的超越物,它与主体意识,与主体的语言陈述完全是二元的,因此二者的相符不过是人的主观感觉,无法得到证明。而且,人们根据什么来判断一种语言陈述与"实在事物相符",从而断定该陈述是真实的,可以称之为真理呢? 要判断语言陈述与实在相符,就必须有一个超越两者的判断者和一种"绝对中性"的判断立场。由于事实上并不存在这样一个超越于两者之上的判断者和这种判断立场,也就没有一种衡量两者是否相符的客观标准。② 另外,哈贝马斯指出,真理符合论还要求话语主体间的绝对同一,这也是不现实的。因为人对世界与实在的认识和言说永远是个体的、主观的、存在巨大差异的,根本不存在什么纯然一致、绝对同一的陈述,因而也就没有一种"主体间可检验的、完全同一的真理判断标准"③。

―――――――――――

① ［德］得特勒夫·霍尔斯特:《哈贝马斯传》,章国锋译,东方出版中心 2000 年版,第 77 页。

② 参见［德］得特勒夫·霍尔斯特:《哈贝马斯传》,章国锋译,东方出版中心 2000 年版,第 76～77 页。

③ 参见［德］得特勒夫·霍尔斯特:《哈贝马斯传》,章国锋译,东方出版中心 2000 年版,第 77 页。

为此,哈贝马斯提出了他自己的共识论的真理观。在此共识之下,真假完全决定于论证力量的好坏强弱。他认为,真理应该定义为"话语主体通过语言交往而达成的共识"[①]。他说:"只有在所有其他人均进入与我的对话,赞同对某一对象的谓语性陈述时,我的陈述才可被认为是真实的。我认为,为了区别真实与虚假的陈述,必须依靠别人的判断,即所有与我进行对话者的判断(包括我所能遇到的每一个反对我的陈述的对话伙伴)……陈述的真实性条件在于所有人潜在的赞同,即每一个人都必须确信,我所加于某一对象的谓语陈述是正确的,必须予以赞同。"[②]这样,真理与真实的检验标准就并非是客观性,而是它的"主体间性"[③]。

可见,在哈贝马斯那里,真理的形成过程,也就是取得"共识"的过程,实际上是合理论证的过程。在哈贝马斯看来,论证过程既是一个语用过程,也是一个面向现实的过程,这个过程产生出来的不是主客体之间的符合问题,而是主体相互之间能否说服的问题。在这种意义上,理论商谈与实践商谈又交织在一起了。

三、交往资质与理想的话语环境

既然话语伦理学将其基点放在交互主体上,那么什么样的主体才可以顺利进行商谈、沟通与交往呢? 如果说交往主体须具备某种"资质",这种资质又是如何获得的呢?

---

① [德]得特勒夫·霍尔斯特:《哈贝马斯传》,章国锋译,东方出版中心2000年版,第77页。

② 转引自[德]得特勒夫·霍尔斯特:《哈贝马斯传》,章国锋译,东方出版中心2000年版,第78页.

③ 参见[德]得特勒夫·霍尔斯特:《哈贝马斯传》,章国锋译,东方出版中心2000年版,第77页。

劳伦斯·科尔伯格(Lawrence Kohlberg,1927—
1978),美国当代著名的心理学家和教育家,
现代道德认知发展理论的创立者。

　　交往资质,即交往主体在交互活动中形成的内在素质与能
力,它是商谈者在交互活动中长期学习、训练的结果。哈贝马
斯借鉴了科尔伯格的道德发展理论,将个体道德发展分为三个
阶段:前习惯水平、习惯水平与后习惯水平。在哈贝马斯看来,
道德规范是一种语言符号,在不同的发展阶段个体对语言符号
的理解是不同的,这种不同理解标志着个体道德意识发展的不
同水平。个体道德意识的发展是主体间不断运用语言在自觉
处理与道德相关的行为冲突中实现的。因此,交往资质的形成
既是主体间交互活动的必要前提,又是交互活动的结果。不同
的道德发展阶段,意味着人际交往的不同发展水平,同时伴随
着相应的认知能力与交往资质。
　　为了解决论证参与者的资质问题,哈贝马斯提出了"理想
的话语环境"①这个概念。所谓"理想的话语环境",意味着话

―――――――――

　　①　也有人翻译为"理想的言说情境"。

语论证的初始条件。在哈贝马斯看来,每一个进入话语论证的人都必须严格遵守四项条件,任何在这些条件下达成的共识都应当视为真正的共识。它们是:

1. 一种话语的所有潜在参与者均有同等参与话语论证的权利,任何人都可以随时发表任何意见或对任何意见表示反对,可以提出质疑或反驳质疑。

2. 所有话语参与者都有同等权利作出解释、主张、建议和论证,并对话语的有效性规范提出疑问,提供理由或表示反对,任何方式的论证或批评都不应遭到压制。

3. 话语活动的参与者必须有同等的权利实施表达话语行为,即表达他们的好恶、情感和愿望。因为,只有个人陈述空间的相互契合以及行为(动)关联中的情感互补才能保证行为(动)者和话语参与者面对自身采取真诚的态度,坦露自己的内心。

4. 每一个话语参与者作为行为人(行动者)都必须有同等的权利实施调节性话语行为,即发出命令和拒绝命令,作出允许和禁止,作出承诺或拒绝承诺,自我辩护或要求别人作出自我辩护,因为只有行为期待的相互性才能排除某种片面要求的行为(行动)义务和规范判断,为平等的话语权利和这种权利的实际使用提供担保,解除现实强制,过渡到一个独立于经验和行动的话语交往领域。[①]

哈贝马斯的"理想话语环境"类似于罗尔斯的"原初状态",是话语论证的初始条件。这些条件看起来有点乌托邦,对此,哈贝马斯也表示承认。他并不认为在任何话语环境中,这些条件都一定会齐全,但它们乃是进行商谈"不可或缺的先决条件"。除非我们取得这些先决条件,否则商谈无从进行。

体现了话语伦理核心要求的"理想的话语环境"怎样才能

---

① 转引自[德]得特勒夫·霍尔斯特:《哈贝马斯传》,章国锋译,东方出版中心2000年版,第31页。

成为"现实的话语环境"呢？哈贝马斯认为，途径只有一条，那就是通过民主、合理和公正的话语规则和程序的制定，保证每一个话语主体都享有平等、自由的话语权利，彻底摒弃以权力的滥用和暴力手段压制话语民主的做法。正因为如此，他把自己提出的主张称之为"程序主义的话语伦理学"。

四、普遍化原则与话语原则

在哈贝马斯看来，交往行为实质上是主体之间的对话（商谈）关系，人与人之间的伦理关系的调整，共同规范的认可和维护是通过商谈来进行的，可以说，商谈是交往行为的继续，而商谈必须建立其基本的原则。

话语伦理学的基本内容可以归结为两个基本原则：普遍化原则（principle of universalization，简称 U 原则）和话语原则（principle of discourse，简称 D 原则）①。所谓普遍化原则，就是每个有效的规范都必须满足以下条件：一切旨在满足每个参与者利益的规范，对它的普遍遵循所产生的可预期结果和消极后果，都能够为所有受其影响的人无须强制地加以接受。这就是说，一个规范是有效性的，仅当该规范预期会满足所有人的利益，其施行所产生的影响和副作用，也为所有受影响的人接受。人们可以不是被迫而是自愿接受普遍的道德原则，并且人们可以在道德论证中找到使各方达成一致的原则。

在《道德意识与交往行为》、《话语伦理学解说》等著作中，哈氏强调了普遍化原则的重要性，认为只有依靠普遍化原则，才能区分伦理学中的认知主义与非认知主义。认知主义是道德普遍主义的基础，非认知主义是道德怀疑主义的基础。因此，要宣扬道德普遍主义、否定道德怀疑主义，那就必须坚持认知主义、批判非认知主义。非认知主义有两个立论基础：第一，由于论证各方原则上不能达成一致的意见，所以有关道德问题

---

① 也有人翻译为商谈原则、论证原则。

的论证一般不能用正常方式加以解决；第二，因为规范性命题不能要求被承认具有真实性，因此这些命题的真实性不可能加以说明。哈氏认为这两个论点是可以反驳的，因为人们在道德论证中可以找到一条使各方达成一致意见的原则，即普遍化原则，而且可以对规范性命题的真实性———确切地说是道德正确性———问题作扩展性理解。就此而言，哈氏话语伦理学与道德怀疑主义是对立的。当然，他既否定道德怀疑主义，又反对道德独断主义，并力图使价值真理与事实真理、应然与实然统一起来，张扬一种建立在认知主义基础之上的道德普遍主义。

　　"道德普遍主义"是话语伦理学的核心观念。普遍主义究竟意味着什么呢？哈贝马斯后来这样解释其意义和价值，"它意味着在认同别的生活方式乃合法要求的同时，人们将自己的生活方式相对化；意味着对陌生者及其他所有人的容让，包括他们的脾性和无法理解的行动，并将此视作与自己相同的权利；意味着人们并不孤意固执地将自己的特性普遍化；意味着并不简单地将异己者排除在外；意味着包容的范围必然比今天更为广泛。道德普遍主义意味着这一切"①。

　　哈贝马斯从道德意识发展的角度论证了这种普遍规则的可能性。在他看来，人的道德判断能力是由原则引导加经验分析形成的。从童年时代到青年时期，人的道德发展有三个水平：1. 前约定水平。在这个水平上，道德表现是被动的、利己的，先是表现为严格服从权威和法则，避免受罚，继而表现为由于寻求个人利益与需求，不再为服从而服从，而是认定服从权威和法则要符合个人利益与目的；2. 约定水平。在这个水平上，道德表现为主动的、自律的，先是表现为顾及他人，对别人怀有善意、忠实、尊重、感激等，继而表现为履行自己在社会中的义务，

_____

① ［德］哈贝马斯著：《现代性的地平线———哈贝马斯访谈录》，李安东、段怀清译，上海人民出版社1997年版，第137页。

维护社会或集体利益;3.后约定水平。在这个水平上,道德表现为自觉的、普遍利他的,先是表现为从全社会出发,维护社会成员的基本权利与社会价值体系,最后表现为接受全人类应遵循的普遍的伦理原则的指导。

哈贝马斯认为,话语伦理学是与道德发展的后约定时期相对应的。在他看来,达到后约定水平的主体是超越了自我的主体,因此就能从人类理性角度思考问题,就能达到人类理性水平的认同。同时,由于每个人意识到自己是具有理性思维能力和交往能力的自由自主的个人,他人也是自由自主的个人。因此就能以平等的态度对待他人,同他人平等商谈,以达成共识。在这一时期,人们的道德表现和道德判断中已经没有了来自内部的和外部的限制性因素,人们是出于理性,创立了普遍的道德原则,并自觉地接受这些原则的指导。

普遍原则是道德推论的搭桥原则。在哈贝马斯看来,从经验事实到道德结论,必须以普遍原则为中介,因为道德推理既不是演绎的(在纯演绎的推理中,结论已经包含在前提之中,从中不能推出新的东西),也不是严格意义上的归纳推理(因为经验总是有限的,永远不可能从中得到普遍的结论)。道德推论实际上是把普遍的规范原则试探地应用于特殊的经验事实。在这里,普遍原则就是一个搭桥原则。如,从"张三曾借给你钱"前提到"你应该归还张三借给你的钱"结论,就既不是演绎的,也不是归纳的。它必须借助于一个道德普遍判断:"向别人借钱必须归还。"而这一判断之所以有效需根据 U 原则来检验:一个满足所有人利益的规范,其产生的影响和副作用必须能为所有人接受。在这里,U 原则起着桥梁作用。

然而,话语伦理学的普遍化原则是如何建立起来的呢?哈贝马斯把对康德道德理论的改造视为创建道德的理性根据的重要步骤。我们知道,康德通过"绝对命令"建构了一种道德的行为规范。他把存在于人们内心的道德规则叫做"绝对命令","绝对"就是在为了道德本身的目的以外没有其他的目的;"命令"就是因为它只是"应当"做的,而不是"实际"就是这样做的,因为社会中的人除了"理性"之外,还有经验感性条件对道德行为的影响。在道德行为上,经验的条件不一定服从于这个道德的"实践理性",所以,只能用"命令"的形式来表示道德规律的强制性,并以此来克服道德上"理性"与"经验"的分裂。他认为,作为道德主体的人并不是经验的人,而是一种抽象的理性存在。道德作为"实践理性",它所制定的

伊曼努尔·康德(Immanuel Kant, 1724 年 4 月 22 日—1804 年 2 月 12 日),启蒙运动时期最重要的思想家之一,德国古典哲学创始人。

一切道德原则是独立于所有经验限制的。道德原则不是经验的原则,而是一种先验的原则,它是至高无上的,为理性存在的人所应绝对遵守。这种存在于内心的道德原则与天空的星辰一样,为人所赞叹和敬畏。人们的行为只有符合善良意志才是道德的。

康德提出的最重要的一条绝对命令就是"不论做什么,总应该做到使你的意志所遵循的准则永远同时成为一条普遍的立法原理"。① 绝对命令所要求的是规则、准则、规范的普遍化能力。康德不仅把这种规范视为社会一体化行为的必然产物,而且把它视为一种"理性的事实",一种自由的民族或人类所必然采取的行为规范。因此,康德的道德理论一半是理性的,因为它依赖其有普遍社会约束力的行为规范;一半是形而上学

———————

① [德]康德:《实践理性批判》,关汉运译,商务印书馆 1960 年版,第 30 页。

的,因为它依赖一种先验的"目的王国"的假设。

在哈贝马斯看来,使康德的道德理论摆脱它与形而上学的先验假定纠缠不清的状况的唯一出路,就是用一种以相互承认、相互体谅为前提的道德实践法则来代替绝对命令法则。也就是说,当康德对道德实践提出要求时,他并没有考虑到道德实践的相互体谅和关切的"他人意识"的问题。康德只注意到了普遍的行为准则与个人行为的关系,他把普遍立法仅仅当做一种先验的形式而永远把它置于"彼岸",置于"目的王国"的先验假设的境域之中。但是,一旦我们把道德的普遍主义的意图置于具体的社会中来考虑,仅仅关注于个人行为与普遍法则的关系就不够了。在这里,真正能实现道德普遍主义意图的道德实践,就必然是一种以相互承认为前提的交往性的实践,一种商谈性的实践。

由于道德的有效性要求是通过公共对话实践过程证明的,这就引出话语伦理学第二条原则,即话语原则。

话语原则与 U 原则相同,并不涉及道德的内容,而是规范证明的程序。它要求:(1)没有一个受规范影响的人被排斥在协商的话语之外,话语过程是包容的,不是排他的;(2)所有话语参与者享有平等地表达其见解的机会。每一个参与者的利益都受到平等的重视;(3)所有参与者都采取趋向于共识的交往态度,相互合作地按照所有人的平等利益协调相互行为,既不受内在压抑也不受外在强制,不对规范采取工具性和策略性的态度。如果满足这些论证条件,规范就能符合普遍化原则的要求。

话语原则是哈贝马斯话语伦理学的创新之处,它使话语伦理学区别于康德的伦理学,也区别于任何其他"义务主义"伦理学(如罗尔斯的正义论)。D 原则的主旨是坚持道德的理性主义,它假定规范问题是可以理性解决的。但是,这一规范的证明不是康德所说的理性的独白,而是所有人共同参与的实践。D 原则把社会成员对规范的非强制的同意作为规范的合法性标准。它意味着参与者以反思的态度进入道德论证过程,以期恢复在世俗化和文化多元过程中受到破坏的共识,道德论证以理性共识取代习以为常的习俗而成为社会冲突的调节机制。

哈贝马斯认为,对于伦理原则的普遍认同,是一个共同论证的过程,所有具有理性、参与讨论的人都根据自由意志提出自己的观点,经过相互讨论,同样由自由意志确定被共同承认和遵循的普遍规范。在这一过程中,不是先在的普遍原则决定人们提出的伦理规范是否正确,是否具有普遍性,而是在人们相互的讨论中,由共同认同产生普遍的伦理规范。作为出发点的普遍化原则,必须同话语原则相结合,只有通过话语这一原则,才有可能使实践讨论达成一致。

哈贝马斯将普遍性原则与论证原则结合在一起,实际上是在话语伦理学与主体间性、互主体性之间建立了某种联系。他认定话语伦理的基本原则运用不是独白式的,而是对话式的。这种对话式的商谈论证的基本精神就是相互性、主体间性,即一切有关参与者相互承认。哈贝马斯认为,无论在日常生活中,还是在哲学伦理学中,一切伦理观念都以这种相互性和承认关系为中心,道德规则就是通过主体间的对话方式建立起来的。于是,哈贝马斯商谈伦理学的普遍规范的来源,就既不是康德式的绝对命令,也不是黑格尔式的绝对精神,而是主体之间的商谈和认同。因此,哈贝马斯话语伦理学的最大特色就在于它把主体间性提高到中心位置。

哈贝马斯从交往行为概念出发,强调了主体之间的相互性,他反复强调,指导人们实现"交往行为"合理化的是"普遍的伦理原则",也就是主体间的相互承认、相互尊重。话语伦理学的原则必须体现主体的相互性,即商谈者之间权利和机会平等,通过相互交流、讨论达到相互理解。按照话语伦理学,道德与主体间相互平等不可分割。道德在主体间作平等理解、交往与商谈,道德律令是通过主体间的对话方式建立的。在哈贝马斯看来,要真正超越主体性,达到主体间合理交往,最主要的途径就是诉诸语言。在语言行为的系统中实现主体间性,在语言体系中将有伦理学诸问题的解决方案,这恰是哈贝马斯话语伦理学的任务之所在,同时也是实现交往行为合理化的关键环节。

总之,普遍化原则与话语原则,作为话语伦理学的两个基本原则,构成了哈氏话语伦理学的核心。从根本上说,U 原则是灵魂,具有决定意义,D 原则保证它的实施,二者共同构成一个整体,提供了一种理想的商谈机制。这两条原则虽然简单,但在话语伦理学中的地位却非同一般。哈氏话语伦理学,就是通过论证这两个伦理原则而臻于完备的。换言之,哈氏正是在交往行为理论基础上,以普遍化原则和话语原则为核心,建构起了自己的话语伦理学。当然,他后来接受了维尔默的批评,对普遍化原则与话语原则的关系进行了重新思考,把话语原则当做一切规范证明的普遍原则,把普遍化原则视为道德规范证明的特殊要求。"这样,话语伦理学就超出了狭义的道德理论范畴,成为所有实践规范证明的程序性规范。正是这一转向对法律和民主的重新理解具有重要意义。"①

五、话语伦理学的特征

在《道德与伦理:黑格尔对康德的批判适用于话语伦理学吗?》(1985)一文中,哈贝马斯认为,话语伦理学有四个特征:

1. 它是义务论的道德理论。话语伦理学仅仅解释涉及道德义务命题的特征,道德义务是对所有人都有约束力的"应当",它不包括传统伦理中有关如何生活的伦理教诲。话语伦理学的义务论特征,主要着眼于把善的生活,即伦理问题与道德问题区别开来。话语伦理学通过对伦理规范和道德规范的区分,划定了义务论伦理学的适用范围。只有那些涉及所有人

---

① 汪行福:《通向话语民主之路——与哈贝马斯对话》,四川人民出版社 2002年版,第 179 页。

利益,且有望通过理性的对话获得共识的问题,才属道德证明
的对象。这样,日常行为规范就区分为可严格进行道德证明的
规范和不可道德化的因素,前者如普遍的权利和义务,后者如
特定个人或集团的价值取向和生活方式。

2. 它是形式的道德理论。话语伦理学严格来说,并不涉及
道德的具体内容,仅仅提供人们看待行为规范的公平视角。在
这一点上,它有别于罗尔斯等人的理论。在《正义论》中,罗尔
斯不仅提出了看待规范公平性的判断标准,而且提出正义社会
的具体原则。哈贝马斯认为,罗尔斯太雄心勃勃,没有看到在
价值多元的时代,哲学家与公民之间存在着分工,哲学家只能
提出程序性的原则,具体的道德原则应该由参与公共领域的公
民通过理性的辩论来确定。

大卫·休谟(David Hume,1711 年 4 月 26 日—1776 年
8 月 25 日),18 世纪英国著名的经验论哲学家、
怀疑论者,西方哲学史上最重要、
最有影响的人物之一。

　　形式的道德理论是相对于实质伦理学来说的。实质伦理学相信自己可以从某种宇宙论前提或神圣的力量中得到具体的规范。而话语伦理学只是普遍规范的证明程序，不涉及道德的具体内容，从而是一种形式的道德理论，即"程序主义伦理学"。它坚持的是程序性的理性主义，而不是实质性的理性主义。"总的说来，话语伦理学无意设计一种理想的生活方式，也不提供一种与主体间性相关的或个人生活史的治疗标尺。在不诉诸总体性概念前提下，它立足于程序理性。论证程序让参与者自己去解决他们的实际问题。"①

　　这样一种程序主义伦理学，对话语共识和意志形成过程寄予了很大期望。哈氏说道，话语共识和意志形成过程，不仅在总体上，而且在结构和各阶段中都必须得到制度化体现，这一过程要遵循三种不同的程序，即话语论证程序、决策程序、法律程序，而核心是话语论证程序。在话语论证程序中，人们通过反复论证对理论或实践问题作出解答。

　　3. 它是认知主义的道德理论。自从休谟区分了"是"与"应当"，并提出"是"难以推出"应当"的命题之后，西方伦理学一直就试图解决事实与价值割裂的问题。关于事实的描述性陈述是可以证明的，而关于价值的规范性陈述却难以证实或证伪，于是，现代性道德面临一种合法性危机。哈贝马斯对道德规范有效性的论证是从对直觉主义、规定主义与存在主义伦理学的批判开始的。他认为，不论是摩尔的情感主义，还是黑格尔的命令主义、规定主义，以及萨特的存在主义，他们所诉诸的情感、偏好或者选择，都是从一个孤立的主体中心出发的，最终结局必然导致道德怀疑主义或相对主义。现代元伦理学局限于第一人称话语，停留在意识哲学的论域中，因而同样回答不了道德规范的普遍有效性问题。

---

　　① ［德］尤尔根·哈贝马斯：《包容他者》，曹卫东译，上海人民出版社 2002年版，第 69 页。

现代西方道德怀疑论有两种表现形式,一是后现代主义的道德怀疑主义,二是新亚里士多德主义的道德情景主义。前者怀疑任何普遍的行为规范,后者虽然承认道德规范具有合理的约束力,但否认道德具有普遍的理性基础,认为规范不过是民族、地域、群体等集体性心态的表现。哈贝马斯与二者进行了激烈的思想交锋。他认为,规范有效性的问题不是一个主客体关系问题,而是一个要在主体相互作用的情感关系网和生活世界的背景关联中去把握的问题。描述性陈述关注的是真假问题,而规范性陈述关注的则是有效性问题。既然规范来源于人与人之间的交往,那么规范的有效性就要求交互主体排除一切外在因素,在一种纯粹的语言环境中进行商谈和沟通。由于通过商谈和沟通获得的规范是经过人们理性论证和共同认可的规范,因而具有合法性与有效性。道德上的正确与错误虽然不同于事实判断的真与假,但它们都是可以用理由和根据进行兑现的。

4. 它是普遍主义的道德理论。话语伦理学把自己的研究范围限制在可以通过推论证明的规范范围内,这些规范潜在地具有普遍的意义。道德不是此时此地人们道德言谈中实际意识到的规范,而是值得所有人认可的规范。正是这些规范构成了权利和义务的基础。

六、对话语伦理学的批评

哈贝马斯认为,话语伦理学的两条基本原则既适用于道德,也适用于法律,法律与道德一样是普遍的行为规范,它的合法性也必须满足利益普遍化原则和话语原则。但这一观点受到法兰克福学派第三代代表韦尔默(Albrecht Wellmer, 1933—)的批评。韦尔默认为,法律与道德虽然都是普遍的规范,但它们的证明逻辑是不同的。法律的合法性问题不能还原为规范的正当性问题,一方面立法实践与道德证明是两种不同的实践形式,另一方面,并非所有的法律都能满足利益普遍化要求。韦尔默主要批评哈贝马斯把普遍化原则泛化为一切规范证明的普遍原则,犯了以偏概全的错误。具体来说,他认为话语伦理学有以下四个缺点:

(一)U 原则犯了逻辑上预期理由的错误。它不仅要求应该被所有相关者同意,而且要"平等地满足所有相关者的利益",然而,这样一个附加的要求并没有实质性的规定,而是被循环地说成是规范有效性所应具有的属性。它把需要证明的东西置于概念之中,犯了预期理由的错误。

(二)U 原则要求,一个规范的有效性应根据其"普遍执行"的效果来检验,但"规范的普遍执行"的意义是模棱两可的。如果把它理解为不允许有任何例外,那么,任何一个规范都不能通过普遍化的检验,因为任何一个规范都有正当的例外。如"不能说谎"作为一个道德规范,似乎天经地义,但人们公认,有时对一个身患绝症的人说谎并不违反道德。如果一个规范允许有正当的例外,它就可能是正当的然而却不是普遍的规范,反之,如果不承认有合理的例外,一个规范就可能成为普遍的却非正当的规范,如我们日常生活中遇到的某些不近情理的道德要求。

(三)U 原则要求,规范的有效性要考虑它在执行过程中所产生的一切影响和副作用。这一要求对个人提出了过高的要求,除非存在全知全能的智慧,否则该要求是达不到的。韦尔默建议按可错论的方向来表述 U 原则,即看看是否相关各方都没有充分的理由不接受规范产生的影响和效果,而不是要求考虑所有可能产生的影响。

(四)韦尔默认为哈贝马斯的话语伦理学所犯的最主要错误是没有澄清法律与道德的关系,把法律义务混同于道德义务。在韦尔默看来,法律与道德之间存在着三个关键性的区别:首先,法律规范的约束力源于政治授权,以具有法定权利的人或组织为后盾,只对受法律管辖的人才有效;道德规范的约束力与任何法定的权力无关,它也无须等待某个机构批准才能生效。其次,法律规范是构成性的(constitutive),道德规范是调节性的(regulative),如司法审判涉及罪名的定义、司法审判程序和执行程序等人为的规则,而道德却缺乏这样一套定义和规则系统。最后,法律规范具有外在约束力,道德规范则只能靠良心、负罪感等道德情感来发挥作用。韦尔默认为哈贝马斯没有澄清这些关键性的区别,因而损害了其话语伦理学的合理性。

阿尔布莱希特·韦尔默(Albrecht Wellmer 1933—),德国哲学家哈贝马斯的学生,新法兰克福学派和新实用主义的重要代表人物。

在韦尔默看来,上述四方面缺陷的根本原因在于,哈贝马斯过于依赖真理的共识理论,没有明确地意识到道德规范的双重性。真理的话语理论是话语伦理学的认识论前提,它相信在理想交往条件下,不论真理问题还是规范问题,都可以通过理性的话语得到理性的共识。这种观点影响到话语伦理学的解释能力。韦尔默认为,道德话语可以理解为通过对话反思地改进规范系统的实践,它不一定要以获得理性共识为目标。也就是说,U 原则无须解释为所有人对规范的一致同意,它可以解释为在利益的普遍化原则指导下的自我学习过程。如果把规范的普遍化作为规范合理性的要求,就会限制了话语伦理学的解释范围,把凡是无法通过话语获得共识的问题都视为非理性问题,伦理问题和许多无法满足利益普遍化的法律规范就无法纳入话语伦理学的解释范围。

另外,道德规范具有双重性。作为知识,道德判断有正确与错误之分,它的有效性标准不依赖于是否被参与交往的共同体成员所接受。道德的客观性不能还原为社会可接受性。在道德科学中,把社会的认可作为判断标准是荒谬的,就如主张一个科学命题因为被大家所接受就称其为科学一样荒谬。然而,作为社会调节的规范,道德却必须满足社会的可接受性,任何人都不能把自己信奉的道德观点作为社会的普遍正义规则,因为正义规则在调节人的利益关系时,必须满足普遍化原则和话语原则。

韦尔默的批评促使哈贝马斯重新思考普遍化原则以及它与话语原则的关系。总的来说,哈贝马斯后来限制了普遍化原则的应用范围,调整了它们之间的关系,把话语原则作为普遍的规范证明原则,把普遍化原则限制在道德规范证明的范围内。这一修正使话语伦理学能够处理任何与法律有关的问题,从而使它起到话语民主理论的奠基作用。这一发展体现在《证明与应用》、《在事实与规范之间》和《包容他者》等一系列著作中。

七、话语伦理学在后现代语境中的困境及意义

话语伦理学"道德普遍主义"主张遭到了后现代主义猛烈攻击,认为它只是一种不切实际的幻想。后现代主义对话语伦理学"道德普遍主义"的攻击,确实戳到了话语伦理学的痛处。因为在一定意义上说,话语伦理学普遍化原则实际上是康德绝对命令的翻版,话语伦理学的形式主义、义务主义、认知主义、普遍主义特征,表明话语伦理学具有康德先验主义倾向,是对当代伦理学中道德普遍主义的辩护。而话语原则是哈氏的创新之处,它使得话语伦理学区别于康德伦理学,也区别于罗尔斯义务主义伦理学。尽管如此,哈氏通过普遍化原则和话语原则来论证道德普遍主义主张,用话语民主来达成话语共识,确实是一种理想性设计,明显带有乌托邦色彩。这一点,哈氏本人也坦言承认。当然,后现代主义由此否认道德规范的普遍有效性,则犯了矫枉过正的错误。哈氏"道德普遍主义"并非不切

实际的幻想,并非一无所用。相反,在后现代语境中,张扬"道德普遍主义"具有重要意义。这是因为,在当代西方伦理学中,怀疑主义、相对主义、多元主义、非理性主义势头强劲,甚至可以说,道德怀疑主义独步天下。哈氏作为"20世纪最后的理性主义者",在其话语伦理学中,强调交往合理性的基础地位,宣扬话语伦理的普遍性,以及道德规范的有效性,这是自罗尔斯《正义论》以来,在当代西方伦理学向规范伦理学回归过程中,道德普遍主义的又一次强力张扬。面对生活世界殖民化日益严重的现代文明危机,哈氏认为启蒙运动开创的现代性事业并未终结,人类理性并未泯灭,人类仍有逃离现代性困境的出路。这对后现代主义是一个有力回击。尽管现代工业文明产生了工具理性霸权,但也显示出人类解放的可能。实际上,人类不可能没有理性之光的照耀,不可能没有乌托邦的理想。他的这个看法无疑是正确的,至少是值得肯定的。

米歇尔·福柯(Michel Foucault,1926—1984),
当代法国新尼采主义和后结构主义思想的
最重要代表人物。

　　后现代主义者放弃理想追求、否认共识的合法性,是极其片面的。然而,他们对"理想话语环境"与"话语共识"的抨击,却也击中了话语伦理学的要害。因为哈氏把相互理解、话语共识看做话语伦理学的目标,这实际上是以"共识真理论"作为话语伦理学的基础。他相信,在"理想话语环境"中,不论事实问题还是规范问题,都可以通过对话达成理性的话语共识。而后现代主义者认为这种观点是成问题的。在福柯看来,哈氏"理想话语环境"在任何时候,无论过去、现在还是将来,都是不可能实现的;"话语共识"是通过话语霸权建立起来的,其中充斥着权力因素。没有权力关系,任何一个社会都不可能存在。问题不在于试图在交往乌托邦中消解权力关系,而在于揭示那些司法规则,那些驾驭权术以及那种允许人们在权力游戏中付出最小代价玩弄统治的手法。利奥塔指出,哈氏通过所谓的对话,将合理性问题讨论引向普遍共识,这似乎是不可能的,也是不谨慎的。因为"话语就是战斗",它属于对抗领域而非交往领域。许多事实表明,我们无法保证道德话语一定能够获得理性的话语共识,而通过自由认同而达成的、代表大多数人意愿的话语共识不一定能够保证话语的真实、公正和真诚,不一定彻底摒弃了权力和暴力因素。第三帝国时代的纳粹话语便是一个突出的例子。最初,在希特勒未上台时,纳粹话语并非依仗权力的行使和暴力,而是利用当时德国的社会现实状况,如一战后国内普遍存在的民族复仇情绪、经济萧条、大规模失业等,通过宣传、蛊惑和欺骗,为许多德国人所接受并成为"共识"。其实,恰恰是这种所谓的共识,帮助纳粹党掌握了国家权力。另外,中国的"文革"语言之所以在那个年代成为大多数中国人的共识,对权威的迷信和盲从应当说是一个重要的,甚至是主要的原因。迷信和盲从使人们丧失了思维和判断能力。而在当今自称为自由和民主的国家,一些自诩为"真实、公正、正确"的看法(实则是傲慢自大的西方中心主义偏见)成为人们的共识,恰恰是依照"合法程序",通过舆论轰炸、舆论控制和意识形态灌输而形成的。因此，一种共识，不论它是依靠权力和暴力的作用，还是通过合法程序建立起来的，都不能保证它具有绝对的真实性、公正性和正确性。话语的共识在很多情况下，往往会变成"多数人话语的暴政"，形成对少数人话语的压制和个人话语权力和自由的践踏。

在话语与权力关系问题上，福柯等人的看法虽然片面，但却是明智而深刻的。当然，哈氏"理想话语环境"也不是突发奇想，它可以追溯到康德的"目的国"、皮尔士的"理想的科学家共同体"和雅斯贝尔斯的"学者的形而上学共和国"概念。它并非仅仅是一个预设，在一定条件、一定范围内可以成为现实。而且，正如哈氏自己所说，通过公正、民主、合理的论证程序达成的话语共识，不仅不会导致话语霸权，相反，它维护的是话语自由和民主。由此可见，在后现代语境中，"理想话语环境"与"话语共识"的提出是有重要意义的。因为经过文化悲观主义对启蒙理性和工业文明的冲击，包括主体、理性等在内的所有价值观念，似乎都变得不可信了。在这种文化背景下，哈氏试图为话语伦理学奠定规范性基础，并强调话语共识就显得越发难能可贵。

对此，哈贝马斯的回答是，通过公正和合理程序达成的、符合有效性要求的话语共识，决不会成为"多数人话语的暴政"，因为在话语论证过程中，每一主体的话语权利都在程序和规则上得到保证，都能充分地得到行使。这里唯一起作用的是论证的合理性和正确性，而舍弃的恰恰是话语的霸权，维护的恰恰是话语的民主和自由。

话语伦理学的程序主义特征也遭到了后现代主义质疑，认为它不仅陷入了循环论证，而且导致了共识与差异、规则与权力、理想与现实的悖论。应该说，后现代主义对话语伦理学"程序主义"的批评是切中要害的。因为从理想层面讲，为了保证每一个话语主体在话语论证过程中拥有自由、平等的话语权利，就必须制定民主、公正、合理的话语规则和普遍有效的话语程序,以限制权力运用,消除话语霸权;但是,从现实层面讲,只有拥有了权力,并运用权力才能制定民主、公正、合理的话语规则和普遍有效的话语程序。所以,"程序主义"陷入了循环论证,而且导致了共识与差异、普遍与特殊、规则与权力、理想与现实的悖论。

后来,哈氏在《事实性与有效性》、《包容他者》等著作中对程序主义进行了修正,认为话语的程序和规定必须得到法律的体制化保障,必须通过广泛的民主和自由的论证,体现大多数人的意愿,而决不能在少数权力拥有者的操纵下制定。这一论证过程应绝对排除权力的干涉,更不能屈从于暴力的威胁。此外,权力拥有者自身必须接受规则和程序的约束,将自己置身于规则和程序的监督之下,而不是高踞于它们之上,随意超越或破坏它们。

第六章　程序主义法律观

在后形而上学世界观的条件下,只有那些产生于权利平等之公民的商谈性意见形成和意志形成过程的法律,才是具有合法性的法律。

——[德]尤尔根·哈贝马斯

哈贝马斯保留着对批判理论传统即社会批判主义的方法和视角的忠诚,他的"程序主义法律范式"概念只有在这种背景下才可以获得充分的理解。

——[美]安德鲁·阿瑞特(Andrew Arato)

哈贝马斯的交往行动理论和话语伦理学的理论构想发表以后,引来了许多争论。否定的一方认为,哈贝马斯的理论太过抽象,不能解决现实问题,甚至有人认为,所谓的"商谈"实际上是空谈。面对种种非议,哈贝马斯在出版《话语伦理学解释》一书后,写出了一系列道德和法哲学著作,如《事实性与有效性》(1992年)①、《包容他者》(1998年)等,作为回应。在这些著作中,哈贝马斯深化了话语伦理学的构想,并将其基本原则运用于道德和法律领域,从而形成了独具特色的法律商谈理论。

哈贝马斯对法律问题的探讨,可以追溯到20世纪60年代初期。在1963年出版的《理论与实践》这部早期著作中的"自

---

① 该书的德文原著名为《事实性与有效性》,征得哈贝马斯本人同意,英译本改名为《在事实与规范之间——关于法律和民主的商谈理论研究》,中文译本根据英文译本译出。参见[德]哈贝马斯:《在事实与规范之间》,童世骏译,生活·读书·新知三联书店2003年版,中译者后记。

然法与革命"一文中,他论证了现代自然法与资产阶级革命的内在关系,这篇文章可以看做是他对法律问题探索的开端。在70年代发表的《交往与社会进化》一书中,哈贝马斯把人类在道德和法律制度方面的"集体学习"过程看做整个社会进化过程的最重要方面。在1976年出版的《重建历史唯物主义》一书中的"对现代法律的进化论价值思考——辅导课提纲"一文中,他从社会构成及其发展动力的视角探讨现代法律的合理性结构,这标志着其法社会学思想的萌芽。在80年代初出版的《交往行动理论》一书中,他更是大谈法律,他从生活世界与系统概念出发,分别从内在参与者和外在观察者的视角,分析当代法律兼具作为"媒介"与作为"制度"的双重性质,明确揭示了法律在系统与生活世界之间的中介与结合问题,其重点在于探讨法律既保障自由又取消自由的双重性(在西方福利国家社会中尤其明显)。① 只是在80年代后期,法律论题在哈贝马斯著作中才受到集中关注,这就是1986年著名的题为《法律与道德》的泰纳(Tanner)讲演。从此,他对法律问题的兴趣不断上升。1989年以后,哈贝马斯更加强调法对现代社会的积极作用,致力于弥补他认为马克思主义传统中存在的法学空白。1992年出版的《事实性与有效性》一书,是哈贝马斯在法哲学方面研究的集大成之作,也是他有生以来的第一部法律专著。在这本书中,哈贝马斯扩展和深化了他在《交往行动理论》中的法律思想,将法律视为生活世界与系统之间的转换器,并以交往理性和商谈民主为基础建构了程序主义的法律范式来解决现代法律的合法性问题。至此,哈贝马斯对法律问题的讨论达到顶峰。有学者评论说,哈贝马斯这部著作是体现专业哲学家向法哲学家转向的产物,是法兰克福学派批判理论第一个成熟的法

① 童世骏:"社会主义今天意味着什么",载《世纪中国》2001年4月20日。

哲学。① 也有学者指出,《事实性与有效性》这部书,已经使哈贝马斯必然地成为美国法律理论讨论的中心。②

一、法律与道德

法律与道德的关系是伦理学、政治哲学和法学的一大难题。古往今来,人们对这一问题一直争论不休,各种观点莫衷一是。西方近代以来自然法学派与法律实证主义争论的焦点之一便是法律与道德的关系问题:前者强调法律与道德不可分,道德是法律的基础;后者主张法律与道德相分离,法律是一套自洽的规则、规范体系。哈贝马斯对法律与道德的关系问题也极为关注。早在《交往行动理论》一书中,他就谈到了法律与道德的关系,区别了作为制度的法律与作为媒介的法律,并分别阐明了它们与道德的关系。③ 更富有意义的是,1986 年哈贝马斯发表了以《法律与道德》为题的著名的泰纳讲演,这是其最早论述法律问题的专门法学作品。就是说,法律与道德的关系问题是较早(虽然尚不能肯定是最早)进入哈贝马斯视野的法学问题。在这篇讲演中,哈贝马斯阐述了法律与道德之间的互补关系,从而奠定了他对法律与道德关系问题的基本立场。在《事实性与有效性》一书中,他又明确地指出,他对道德和法律之间关系的刻画与以前有所不同,甚至与泰纳讲演的也不同。

概括来讲,在道德与法律的的关系问题上,哈贝马斯的观点有:

(一)同源性与差异性

在法律与道德关系上,哈贝马斯与康德看法不同,这也是他认为超越于康德法哲学的地方之一。康德把法律作为道德

---

① 艾四林:《法哲学与商谈理论——评哈贝马斯的〈事实与有效性〉》,载《国外社会科学》1995 年第 4 期。

② See Hugh Baxter:System and Lifeworld in Habermas's Theory of Law, 23 Cardozo Law Review[2002].

③ 后来哈贝马斯改变了这种看法。

的外在方面，因而把法律归结为道德，把法哲学作为道德哲学的一个部分进行分析。哈贝马斯通过区分不同的实践话语类型，对法律与道德的关系作了新的阐述。在他看来，法律与道德是同源的，是同时从传统的伦理生活分化出来的，是传统伦理解体后产生的两种塑造社会秩序的力量。法律和道德之间存在许多共同的地方，涉及的是同样一些问题：人与人之间的关系如何进行合法的调节，多个行动如何借助于经过辩论的规范而得到彼此协调，行动冲突如何在主体间承认的规范性原则和规则的背景下以共识的方式加以解决，等等。

　　法律与道德虽然存在许多共同的地方，但它们是以各自不同的方式同上述那些问题发生关系的。哈贝马斯对道德和法律作了如下区分：1. 作用的方式不同。道德虽然具有调节行为的作用，但它本质上是一种知识，一种道德辨别能力和看待问题的方式，它的约束力诉诸社会、社会舆论和个人良心；法律却既是知识又是制度，它具有道德所没有的制度上的约束力，它以体制化的强制和武力制裁来保障实施。2. 产生的方式不同。道德作为知识体系是自然成长起来的，法律作为知识体系则是理性地制定出来的。3. 调整的主体不同。虽然道德和法律都在调节人际关系和人际冲突，但道德调节的是自然人之间的关系和冲突，而法律则调整特定群体中个人之间、个人与群体之间以及群体之间的关系和冲突。4. 适用的范围不同。道德没有边界和国界，例如诚实、平等尊重所有人的人格以及"己所不欲，勿施于人"等道德信条可以适用于全人类，但法律适用的范围通常是特定的国家、地区或共同体。在哈贝马斯看来，道德和法律是相互区别的两种规范，虽然法律有它的道德基础，但并不能把它归结为道德。相反，强调两者的区别，正是为了不以道德的善恶为标准去作法律判断。

（二）相互补充与相互渗透

　　哈贝马斯反对自然法学说所坚持的道德高于法律的主张。在他看来，那种在规范等级的意义上把道德置于法律之上，认为法律处于道德或伦理生活的下级地位的观点,误解了法律在现代社会中的位置。他指出,法律与道德不应再被看做是一种柏拉图主义的模仿关系,两者之间不是本体与现象的关系,法律上的基本权利不只是道德权利的摹本,政治自主也不只是道德自主的摹本。

同样,哈贝马斯也反对实证主义割裂法律与道德之联系的主张。韦伯对现代社会的法律型统治的研究竭力将法律与道德分离,并将"道德无涉"的法律概念化,转而求助于"价值无涉"的科学。① 卢曼的法社会学理论也是坚持韦伯将道德与法律分离的路径,认为在现代福利国家中,法律的非道德性还会继续。法律的功能不是正义,而是通过限制法律系统自身的再生产去调节法律系统周围的环境。法律实证主义者则将法律规则视为统治者意志的有约束力的表达,认为法律是与道德无关的"纯粹"的规则和规范体系。与上述观点不同,哈贝马斯坚持法律的规范内涵,坚持法律的道德基础。他认为,如果没有道德准则作参照,法律的合法性就不可能实现,现代的法律是不能同道德分离的。②

按照哈贝马斯的观点,在现代社会条件下,既不能否认实证法仍然保留着同道德的关联,也不能将道德放在法律之上。道德与法律是传统伦理解体后分化出来的平行而又相互补充行为规范。

在哈贝马斯看来,道德意识的发展对法律合法化具有促进作用,它揭示了后传统社会规范有效性的根据在于人们对规范的主体间非强制的认同。但是,法律不是对道德的消极限制,而是道德规范调节功能的补充。哈贝马斯指出,在现代社会,就导控和整合社会的功能而言,道德与法律相比存在着三方面

---

① Klaus Eder: Critique of Habermas's Contribution to The Sociology of Law, Law&Society Review, Volume22, Number 5(1998), p. 931.

② 参见 Klaus Eder: Critique of Habermas's Contribution to The Sociology of Law, Law&Society Review, Volume 22, Number 5(1998), pp. 931 – 932.

的弱点:第一,认知上的不确定性。在一个熟人共同体中,对于一些道德原则的理解不会发生争议;但在复杂的现代社会,高度抽象的道德原则一旦针对不同的具体情境,人们在认知上就会发生困难,对于适合该情境的道德原则选择就会出现争议。为了能够达成对道德原则的认知共识,人们需要具备很高的道德认知、分析和选择能力,而这对于普通人来说,要求未免过高,道德认知的负担未免过重。第二,动机上的不确定性。举例来说,收养被遗弃的婴儿就可以出于不同的动机:有的可能出于人道主义关怀和救助的动机;有的可能出于为弥补自己没有子女之缺憾的动机;有的可能出于喜欢婴儿的动机等。道德由于具有动机的不确定性,其施行主要凭赖个人良心反省和自我意志的力量。而鉴于人们良知的反省能力和自觉程度不同、意志的强弱不同,人与人之间的行为期待便不可靠。第三,组织的不确定性(义务上的不可归属性)。在现代社会,道德通常缺乏体制性的保障,没有负责实施道德的专门组织,因而它的实施欠缺可操作性,对于违反道德的行为只能诉诸公众舆论的谴责和社会压力。在哈贝马斯看来,道德的上述弱点不能通过回到传统伦理来克服,它需要一种既与道德规范相联系,又能克服道德规范不足的法律规范来弥补。一个其效果完全依赖于社会化过程和个人良心的道德,其有效射程半径是有限的。只有通过一个内在的与道德仍然相关联的法律系统,道德规范才能扩大到所有行为领域。

那么,法律为何可以克服道德所具有的三方面弱点呢?哈贝马斯认为,相对于道德来说,法律代表着更抽象的规范。从法律与生活世界的关系看,法律对自己的受众作了三重抽象:不涉及人的道德判断能力;不涉及行为者的生活世界背景,只限于调节行为者的外在的互动关系;不涉及动机的类型,只要求外在地符合法律。正因为如此,法律在调节人的行为关系时具有道德不具有的优势。首先,一个行为规范一旦成为法律,它就解除了行为者的认知负担。法律只要求按照它的规定行动,并不要求人们考虑规范涉及的复杂问题,行为判断的权力由个人转移到合法仲裁的权力机构,如法院。其次,法律通常不问动机而重视行为,只要行为合法就得到保护,只要行为不合法就受到禁止和制裁。例如,抢劫者无论是出于满足自己私欲的动机还是出于劫富济贫的动机,都要受到制裁。法律由于具有指向人们行为的普遍有效性,不会由于人们动机的多样性而变化不定,因而与道德相比,更能稳定人们的行为期待,使人们的行为结果更具有可预见性。最后,法律的效力不是依靠个人的道德判断,而是法律背后的组织权力,它可以解决由当事人的法律义务所产生的大量问题。道德无法解决的责任归属问题也就迎刃而解。总之,法律条文的明确性可以免除认知的负担,法律自身的强制性可以免除动机的负担,而通过法律建立起来的责任系统则可以解决义务的不可归属性问题。法律与道德的分离以及法的独立性是现代性条件下人类相互关系调节的必然要求。法律的出现不是由于人的本性不完善,而是现代社会的复杂性。在规范意义上,法律不仅不与道德对立,而且是道德的必要补充。

法律与道德不仅在功能上相互补充,而且在内容上相互渗透,主要表现为:许多道德已经被法律所吸收,成为法律的一部分,它们被赋予了法律形式,因而道德的特征已经隐而不显。涉及每个人基本权利的道德规范应该通过民主的立法实践进入到法律之中,成为法律的内容。同时,法律也受到道德的约束,法律不能违背道德。道德可以通过话语原则渗透到立法实践之中,使立法实践同交往行为的规范要求相联系。

哈贝马斯指出,在传统社会,道德适用的领域很广,但是由于社会的现代化导致社会关系的复杂化,许多原来由道德所调整的领域被法律取代了,道德的领地越来越小。而法律的适用领域则不断增加,甚至触及社会生活的各个方面。由此,人们只要遵守法律就可以生活,因为重要的道德已经进入法律。同时,这也是现代国家被称为法治国家的原因之一。

二、法律是系统与生活世界之间的转换器

哈贝马斯反对把法律看做是一个自足的系统。在他看来,法律是生活世界的制度化,是生活世界影响和调节社会系统的主要途径。如果法律脱离了生活世界的基础,那么,它就会成为社会系统控制生活世界的手段。他强调把法律建立在商谈的基础上,从而使法律成为改造经济系统和行政系统的工具,使经济系统和行政系统成为一个社会整合的领域,而不致成为韦伯所说的"铁笼"。

哈贝马斯考察了系统、生活世界与资本主义法律的关系。他认为,早期资本主义社会的法律起了制度的作用。作为制度的法律促使系统从生活世界中凸现出来,这是符合资本主义生活世界发展的合理要求的。这样的制度是形式化的东西,它没有去干涉生活世界本身。用哈贝马斯的话来说,这样的法律是与资本主义的生活世界的要求一致的。①

因为早期资产阶级法律具有形式合理性,在价值上是中立的,它能够为组织系统的合理性行为提供手段,使人们在行动时没有必要去考虑道德的因素。这一时期的法律只是为金钱和权力这两种媒介的制度化提供了条件,它并不是要去对生活世界施加影响。恰恰相反,它反映了生活世界的共识要求,即理性共识要求,而非原来的传统共识。② 所以从整体上看,早期资本主义相对保持着社会结构的平衡。这一时期的法律既能使系统相对稳定和独立,又能反映生活世界的要求。

随着市场的扩大和晚期资本主义危机的产生,经济系统的稳定性越来越脆弱,自我调节能力越来越差,自由市场这只"看不见的手"越来越不能驾驭日益扩大的市场,"市场失灵"成了

---

① Jurgen Habermas: "The Theory of Communicative Action" (Volume 1), Translated by Thomas McCathy, Beacon Press. 1984. p. 259.

② Jurgen Habermas: "The Theory of Communicative Action" (Volume 1), Translated by Thomas McCathy, Beacon Press. 1984. p. 261.

有目共睹的事实。如何走出这一困境？在传统社会中可以凭借神圣的人格魅力或传统的生活习惯来扭转社会的危机，但在已处于祛魅化、多元化状态的资本主义社会却没有这种资源可以利用，利用具有强制性的法律来调整社会实在是无奈之举。但这种调整不再是形式性的，而是实质性的。这种法律使系统对生活世界的入侵具有合法律性。在哈贝马斯看来，合法律性（legality）决不能等同于合法性（legitimacy）。正是由于这种不具合法性的法律才导致了"生活世界的殖民化"，从而导致了人的意义丧失、自由丧失。

如何解决这一危机？哈贝马斯认为，根本出路在于恢复生活世界的本来面目，使交往行为合理化。但是资本主义国家和政府认识不到这一危机的深层原因，而是试图像以前一样，用既有形式性又有强制性的法律来解决社会危机，从而实现社会整合。实际上，强制性的法律只能解决表面性的问题和暂时性的问题，如失业、养老等，但根本性的问题仍是不能解决的。因为这样的法律本身是源于系统的要求，是为系统服务的。当然，为了使从生活世界中凸现出来的系统发挥其调节作用，这种服务是必要的。但是"金钱与行政权力"这两种驾驭性的媒介是通过市场和官僚组织的法律制度化而植根于生活世界的。所以从根本上来看，法律要立足于生活世界。不立足于生活世界的法律只能是工具性的法律。用工具性的法律去试图整合已受到扭曲的生活世界，其结果只能是远离生活世界的要求，进一步加剧生活世界的殖民化。

通过对前、后期资本主义社会法律的考察，哈贝马斯认为真正的、具有有效性的法律应该既反映生活世界的要求，也反映系统的要求。法律应该像一根链条一样，把生活世界和系统联系在一起。一部法律如果要发挥它的作用，不仅要在以语言为媒介的生活世界中立住脚跟，而且还要从生活世界中接受信息，并将这些信息以可以理解的方式转化为以权力驾驭的行政和以金钱驾驭的经济的要求。在哈贝马斯看来，具有有效性法律的作用不同于受到生活世界限制的道德的作用。生活世界的意义可以通过这样的法律而能够在系统中得到体现,系统则可以通过法律的调节而服务于生活世界。在系统与生活世界之间的交往中,法律起一个转换器的作用。

三、法律的事实性与有效性

哈贝马斯认为,作为整合社会的媒介之一,法律首先是一种现实的力量,一种强制手段,法律是依靠它的强制力量来使人们服从的,这是一个事实,或者用哈贝马斯的话说,这是法律的事实性。但是法律仅仅凭借其强制力迫使人们服从是不行的,它必须同时得到人们认可,即这种服从必须是自愿的。法律是一种张力的存在,这种张力一方面联系着事实性,另一方面又要求有效性。所谓"事实性"是指现代法律的实证性——它基于"政治立法者的可修改决定"的权威,以及对国家强制执行权的依赖。与习俗和伦理不同,实定法的基础不在于为人熟悉的、传递下来的生活形式的自然长成的事实性,而在于人为确立的事实性,即从法的形式方面加以定义的、可以向法院提请强制执行的事实性。① 这种由国家强制性确保的服从,使法律的运作是一种可预测的和确定的社会事实。所谓"有效性"涉及两个方面:一方面根据其平均被遵守的情况来衡量的社会有效性,另一方面是对于要求它得到规范性接受的那种主张的合法性。②

哈贝马斯认为,法律有效性的这两个方面存在一定的依赖关系,但这种关系是不对称的。"一条规则的合法性是独立于

---

① [德]哈贝马斯:《在事实与规范之间》,童世骏译,生活·读书·新知三联书店2003年版,第36页。

② [德]哈贝马斯:《在事实与规范之间》,童世骏译,生活·读书·新知三联书店2003年版,第37页。

它的事实上的施行的。"①也就是说,一项规则虽然未被实际执行,但它照样可以是具有合法性的。不具有合法性的规则,虽然能够一时间被遵守,但终不能长久。正是在这种意义上,哈贝马斯指出,"一种法律秩序的合法性程度越低,或至少是被认为合法的程度越低,诸如威胁,环境力量,习俗和纯粹的习惯等因素,就必须作为补充因素对这种法律秩序起稳定作用"②。哈贝马斯认为,一个法律规范的有效性要求两个东西同时得到保障:③一方面是行为的合法律性,也就是必要时借助于制裁来强制实施的对规范的平均遵守,另一方面是规则本身的合法性,它使任何时候出于对法律的尊重而遵守规范成为可能。

哈贝马斯主张,对于法律有效性的这两个方面,法律共同体成员从不同视角,可以采取不同的态度。同一条法律规范,对于策略行动者来说,它处于社会事实的层次。由于他们的目标是取向成功,所以行动者选择的是客观化态度,通过权衡规则被违反时所带来的可计算后果而采取行动。而同一条规范,对于交往行动者来说,它处于义务性的行为期待的层次。由于他们的目标是达至理解,所以行动者选择的是践行性态度,规则连同其规范性的有效性要求,以及对其进行批判性考察的可能性,则形成了对他的"自由意志"的约束。

在哈贝马斯看来,事实性与有效性这两个要素都是基本的,它们之间的张力也是如此。事实性和有效性的张力存在于法律的各个环节。可以说,将法律理解为一种张力的存在,这是哈贝马斯整个法学的出发点,对张力的消解构成了他的法律话语理论的中心任务。在《在事实与规范之间》一书中,哈贝马

---

①　[德]哈贝马斯:《在事实与规范之间》,童世骏译,生活·读书·新知三联书店 2003 年版,第 37 页。

②　[德]哈贝马斯:《在事实与规范之间》,童世骏译,生活·读书·新知三联书店 2003 年版,230 页。

③　[德]哈贝马斯:《在事实与规范之间》,童世骏译,生活·读书·新知三联书店 2003 年版,31 页。

斯揭示了存在于法律的纯粹的事实性和他对合法性的规范要求之间的张力。这种张力是在现代社会走向世俗化的过程中形成的。在传统社会中，由于宗教权威的存在，事实性和规范有效性融合为一。现代社会是一个高度分化的社会，这其中也包括作为手段的暴力(事实)与作为目的的规范的分离。法律时而仅被当做手段，时而也被当做目的。而哈贝马斯则把法律定位于"事实与规范之间"，认为应当把法律的事实性和规范有效性重新统一起来。

四、法律的合法性

(一)法律的合法性危机

哈贝马斯认为，在现代社会后期即福利时代的资本主义社会，为避免经济危机，政府由隐退幕后而转向了前台出场，由消极"守夜人"变为了积极"巡逻警"。政府干预在一定程度上避免了自由放任的弊端，各种社会福利措施缓解了实际不平等境况所引发的冲突。与此同时，作为"意识形态"的技术与科学对生产力产生了巨大的推动作用，这产生了一种效应，即资本家的利润似乎主要不是源于剥削工人的剩余价值，而是得益于科技发展所带来的生产力的提高，这种效应弱化了资本主义统治的合法性的危机。① 不过，无论如何，资本主义社会都无法扭转危机趋势："经济系统无法生产必要数量的可消费价值；行政系统无法作出必要数量的合理决策；合法性系统无法提供普遍化的动因；社会文化系统无法生产必要数量的能激发行动的意义。"②因此，"经济危机"、"政治合法性危机"、"理性危机"以及社会文化系统的"动因危机"仍然存在。在哈贝马斯看来，在福利国家时期，这些危机主要是以金钱为媒介的经济系统和以

---

① 参见[德]哈贝马斯：《作为"意识形态"的技术与科学》，李黎、郭官义译，学林出版社1999年版。

② J. Habermas, The Theory of Communicative Action, Vol. 1, transl. by T. Mc-Carthy, Beacon Press, 1984, p. 49.

权力为媒介的政治系统对"生活世界殖民化"的结果,是"普适功利主义"的"成就意识形态"驱使的结果,是"占有性个人主义"和功利性契约关系的结果,是"唯科学主义"和实证主义驱逐规范内在价值所导致的结果。①

由此可见,导致资本主义社会合法性危机的原因是多方面的。哈贝马斯认为,在各种各样的原因中,其中最主要的原因之一是法律的合法性缺失。他认为,在进入现代社会之后,宗教和其他形而上学的普遍性价值体系解体之后,传统的社会整合机制已经丧失,而在文化和价值多元化的时代,新的社会整合机制难以形成,因而自利的个人没有了整体的方向,失去了文化上的意义认同和价值共识,社会团结面临着重大危机。为了使社会不至于解体,现代社会中两种体制化的系统便发挥着重要的整合功能。一种是以金钱为媒介的经济系统,它通过市场的机制和自由的契约把疏离的人们连接起来;另一种是以权力为媒介的政治系统,它通过自上而下的导控来规范和协调人们的行为和活动。哈贝马斯认为,无论是经济系统还是政治系统,其整合社会的功能都是通过法律的代码进行的。换言之,在现代西方社会,经济系统和政治系统是借助法律的机制发挥导控社会功能的,而这两个系统存在和运行的基础都是法律提供的。

(二)法律的合法性

自马克斯·韦伯提出"合法性"(legitimacy)以来,"合法性"一词一直是人们考察政治权威实然状况的一个重要的概念。他认为,真正的统治是一种"权力—服从"关系,它不是建立在暴力强迫之上的,必须"唤起并维持对统治的合法性的信仰",②韦伯这种意义上的合法性,就是统治的合法性问题。像

---

① 高鸿钧、马剑银编:《社会理论之法:解读与评析》,清华大学出版社 2006年版,第320页。

② [德]马克斯·韦伯:《经济与社会》(上卷),林荣远译,商务印书馆 1997年版,第238~239页。

韦伯一样,哈贝马斯的合法性概念在广义上也是指统治秩序存续的正当性。哈贝马斯认为,"合法性的意思是说,同一种政治制度联系在一起的、被认为是正确的和合理的要求对自身要有很好的论证。合法的制度应该得到承认。合法性就意味着某种政治制度的尊严性。这个定义强调的是,合法性是一种有争议的公认的要求,统治制度的稳定性,甚至取决于对这种要求的(起码的)事实上的承认"①。

迄今为止,人类社会主要出现了四种统治方式。它们分别是神权国家奉行的神治,"道德王国"奉行的德治,强权政治体制下"霸道"的人治,以及法治社会中依法而治的法治。这些不同的治理方式在不同的历史时期各具其合法性。但现代社会是一个韦伯称之为"祛魅化"和价值多元化的社会,社会结构、关系及价值观念发生重大转变,神治、德治和人治都日渐丧失其合法性,难以继续成为占支配的治理方式,而逐渐被法治所取代。因此在现代社会中统治的合法性就体现为法律的合法性。

法律的合法性对法律制度而言非常重要。人们对教堂和体育规则等不满意时可以随时退出这些组织,但是人们对法律制度不满意唯一的办法就是离开这个国度。然而,人们又不能自由地离开一个国家。因此,法律制度的这种较强影响及其垄断地位决定了,相对非法律制度而言,人们对法律制度的合法性有着更迫切的要求。

对法律合法性的理解依托于对法律和合法性两个名词的认识。这里的法律只能是实证法,主要是国家制定法。合法性主要是指法律的正当性。因此,法律的合法性是一个对国家制定的法律的评价问题。合法性不能仅仅甚至主要理解为合法律性(legality)。实证法学派拒绝在法律之外寻求其正当根据,只

---

① [德]哈贝马斯:《重建历史唯物主义》,郭官义译,社会科学文献出版社2000年版,第262页。

承认合法律性而否定合法性的意义。在它那里,合法性就等于合法律性。结果,法律的合法性只能从自身中获得证明,这必然带来一系列问题。

法律的合法性问题无疑占据着哈贝马斯法哲学的核心位置。从一定意义上,哈贝马斯《事实性与有效性》一书的重点就是要解决现代法律的合法性问题。哈贝马斯指出,传统法和现代法的一个主要区别,在于它们的合法性依据有所不同。所谓法的合法性问题,是指为什么人民需要服从法律,也就是说,除了害怕因犯法而受到统治者制裁这个现实的、功利主义的考虑外,有什么道义上的理由去说明法律是应当遵守的。哈贝马斯认为,在前现代的阶段,法律的合法性依据来自于宗教或传统。例如,人们可能相信某些法律是符合上帝对人的旨意的,由于人须服从上帝,所以人也就必须遵守这些法律。大致来说,这便是西方自然法学说的观点。此外,从历代祖先继承下来的习惯法也可能被认为是神圣的并因此而应该遵守的,这便是以传统的不证自明的约束力作为法律的合法性的依据。

哈贝马斯认为,现代是一个后形而上学的时代,所有传统都受到理性的检验和批判。社会的世俗化也使宗教失去了原来的影响,所以法律的合法性基础已经瓦解。在现代的语境里,法律的合法性的唯一解释,便是法律是人民为自己订立的,这一思想来自卢梭,哈贝马斯则采用了他自己的交往行为理论,把这一思想发扬光大。他认为,"在后形而上学世界观的条件下,只有那些产生于权利平等之公民的商谈性意见形成和意志形成过程的法律,才是具有合法性的法律"。① 也就是说,规则的合法性的程度取决于对它们的规范有效性主张的商谈可兑现性,归根结底,取决于它们是否通过一个合理的立法程序而形成。现代法律的合法性在于其自身的程序,而法律程序

---

① [德]哈贝马斯:《在事实与规范之间》,童世骏译,生活·读书·新知三联书店 2003 年版,第 507 页。

的基础在于人民主权。哈贝马斯批判地认为私人自主(表现为人权)和公共自主(表现为人民主权)是紧张关系的观点,认为二者是同源的,是互补的关系。

让·雅克·卢梭(Jean Jacques Rousseau,1712—1778),18 世纪法国启蒙思想家、哲学家、教育家、文学家、音乐家,法国大革命的思想先驱,启蒙运动最卓越的代表人物之一,被誉为"现代民主政体之父"。

与以往法学家或其他许多法学家不同的是,哈贝马斯并不是用外在的实体事物作为标准(比如自然、理性、正义、公正等),而是通过他所确立的商谈伦理学的商谈原则来对实证法的合法性进行内在证明的。哈贝马斯认为,在现代社会,道德和法律合法性论证都应服从商谈原则。将这项原则运用于道德领域,就形成道德原则,将它运用于法律形式,就形成民主原则。也就是说,商谈原则与法律形式的结合会产生民主原则,即通过商谈产生法律。道德原则用作合理决定道德问题的论辩规则,只能以道德理由加以辩护,而道德理由应满足普遍性的条件,即"决定性的理由必须在原则上能够为每个人接受"①。民主原则用于确定产生合法之法的过程,它以特定的情境为背景,适用于特定的国家、地区或共同体,涉及的内容可能是道德问题,也可能是实用的或伦理的问题。因此,在现代社会,法律的理由借助于实用的、伦理－政治和道德的理由得到辩护。道德原则和民主原则都植根于商谈原则,可以看做是商谈原则在不同领域的具体化。至于商谈原则的基础,则基于日常的交往理性和内在于作为交往行为的言语行为。哈贝马斯的这种合法性论证模式被德国学者确认为商谈模式,它与系统理论,契约模式以及真理一致理论,一同被归入法律合法性论证的"程序理论"。②

在合法性问题上,哈贝马斯的观点是康德道德思想和卢梭政治思想的融合。按照康德的思想,公民既是法律的接受者,也是法律的创建者,前者要求人们的行为必须合法,后者为法律的制定提供了合法性。按照卢梭的思想,法律体现了公民作为整体的"公意",表达了所有人共同的自由,法律的合法性来自于民主的程序。因此,哈贝马斯所说的法律的合法性包含两个要求:第一,每一位公民都是法律的接受者和立法者,作为立法者,每一个人都是自由的和平等的;第二,法律的合法性来自于所有当事人的同意,来自于所有公民的共识,而这种同意和共识则产生于民主的过程。这就是说,现代法律必须具有合法性,法律中所包含有效性要求必须是可接受的,法律所提出的社会规范必须被人们看做是正当的。这种正当性是生活世界中的人们在相互交流的过程中确认的。人们之所以接受这种法律,并把它看做是正当的,是因为这种法律是他们自己参与制定的,是他们自己为自己立法,用哈贝马斯的话说就是"自我

----

① ［德］哈贝马斯:《在事实与规范之间》,童世骏译,生活·读书·新知三联书店 2003 年版,第 133 页。

② 参见［德］阿图尔·考夫曼等主编:《当代法哲学和法律理论导论》,郑永流译,中国政法大学出版社 2002 年版,第 188～199 页。

立法"。法律应该在生活世界中的人们的相互商讨中产生,应该根植于生活世界的秩序中,需要从生活世界中获得合法性的力量。

托马斯·库恩

五、程序主义法律范式

"范式"是美国科学哲学家托马斯·库恩(Thomas Samuel Kuhn,1922—1996)提出的一个经典概念,具体"是指某一科学家群体或学派所共同持有或使用的一整套信念、规则、方法及相应的理论"[①]。范式涉及学术研究的基本理论、方法和标准,标志着一个学科的成熟程度。[②] 范式是特定学科或领域中学术共同体的基本共识,这种共识在某个时期的学术研究中占据主导地位或具有较大影响。与此相应,"法律范式"则指"人们对法律系统所处的社会所持有的一般看法,这种看法构成了人们

---

① 黄文艺:《当代中国法律发展问题研究》,吉林大学出版社 2001 年版,第 12 页。

② [美]托马斯·库恩:《科学革命的结构》,金吾伦、胡新和译,北京大学出版社 2003 年版,第 100、10 页。

的立法实践和司法实践的背景性理解"。①

**诺内特和塞尔兹尼克的著作《转变中的法律与社会：
迈向回应型法》中文版封面**

在法学理论发展中，不同学派之争往往是不同理论范式之争。不同的法律理论范式标志着不同的法律立场、观点和方法。我们都知道，在对现代资本主义法律进行范式概括方面最有影响的是韦伯提出的法律类型，即形式理性法律类型和实质理性法律类型。在他看来，形式理性法律是现代资本主义国家主导的法律类型，实质理性法律类型只能作为一种辅助性类型。② 后来，诺内特和塞尔兹尼克把现代资本主义国家的法律分为两种类型，即自治型法（autonomous law）和回应型法（re-

---

① 童世骏：《社会主义今天意味着什么》，载"智识学术网"http://www.zisi.net/htm/wwzh/2005－05－24－29065.shtml. 2005 年 5 月 24 日。

② 参见［德］马克斯·韦伯：《法律社会学》，康乐、简惠美译，台北远流出版事业有限公司 2003 年版。

sponsive law）。①

哈贝马斯关于法范式的划分,无疑借鉴了这些研究成果。资本主义在过去的数百年发展中,经历了复杂的过程,并在不同的国家、社会和文化背景下呈现出不同的形态,但从总体发展历程来看,典型的资本主义国家大体经历了两个阶段:一是自由竞争的资本主义阶段;二是垄断的资本主义阶段(福利国家阶段)。哈贝马斯认为,资本主义的这两个阶段在法律与个人、社会和国家的关系以及基本价值取向上存在着重大差异,因而构成两种法律范式,哈贝马斯把其概括为"资产阶级形式法范式"和"社会福利国家实质法范式"。在对这两个法律范式进行分析、比较并指出其各自存在的缺陷后,哈贝马斯提出了自己的法律范式,即"程序主义的法律范式"。

(一)资产阶级形式法范式

哈贝马斯认为,形式法范式的主要特点是:1. 以个人主义为基础,从古典经济学"理性人"的预设出发,将所有个人都置于法律面前人人平等的前提下。这种平等对于传统社会的等级特权来说无疑是一个重大进步,但它仅仅限于形式平等,对于事实上的不平等则全然不问,因而具有天然的缺陷。2. 享有主观权利个人受到客观法的保护,法律赋予个人近乎绝对的财产权、缔约自由权。个人通过市场的博弈和机会的选择来追求个人利益的最大化,并承担选择的后果,接受命运的安排。3. 坚持市民社会与政治国家二元分立,前者属于个人自由的领域,受私法调整;后者属于政治权力的领域,由公法调整。这种划分的用意在于防范和抵制以政府为代表的公权力侵犯私权利。4. 国家扮演的是消极守夜人角色,对市民社会生活不加干预,只负责维护国家安全,防止外国侵犯;维持社会治安,为个人的生活提供安全保障。国家虽然负责制定和实施法律,但这

---

① ［美］诺内特、塞尔兹尼克:《转变中的法律与社会:迈向回应型法》,张志铭译,中国政法大学出版社1994年版,第18、23、25页。

些法律的目的在于保护个人的消极自由,为个人的行为提供一般性的合理预期尺度,为个人选择和博弈提供架构,对个人的选择后果和博弈后果则绝不过问。

哈贝马斯关于现代法律形式理性特点的概括与韦伯的观察大致相同,但其评价立场却迥然不同。韦伯从单个主体行为及行为者赋予该行为以意义的角度出发,重在阐释形式理性法律在现代社会的合理性和不可避免性,而哈贝马斯则从主体互动的角度认为这种形式理性的法律本来就具有致命的缺陷。表现为:1.这种形式法从孤立的个人出发,放纵了个人的目的理性行为,从而加剧了人际冲突而不是有助于主体之间的合作。2.这种形式法突出形式平等,而对于事实的不平等却视而不见。对法律的一般性、普遍性的强调,虽然旨在对所有人提供平等的法律保护,但这种法律面前人人平等的原则,却不可避免地导致了社会上的弱势群体遭受种种不平等的不利境遇。"法律以其庄重的公正,同样禁止富人与穷人夜宿路堤"就是这种实质不平等的真实写照。3.这种形式法忽略了消极自由背后所隐含的弊端,实际上,对于弱势群体而言,他们由于缺乏竞争能力而无法获得享有自由的基本条件,消极自由往往意味着弱势群体在饥寒交迫中自生自灭,使人遵循动物界的物竞天择的"丛林法则"。4.主张法律自治,排除法律中的宗教、道德以及政治等实质性价值要求,虽然使法律获得了独立的地位,具有了较强的可操作性,但却使法律演变成了一个完全封闭的系统,沦落为一个掏空了灵魂的躯壳,成为了非人格化的冷酷理性。5.自由资本主义后期遭遇到的频繁经济危机、市场调节失灵、贫富分化等对古典"资产阶级形式法"范式提出了新的挑战。

哈贝马斯认为,上述弊端引起了改良主义的反思和实践转向,由此资本主义由自由竞争时期转向了福利国家时期,与此相应,资本主义社会的法律范式也发生转变,即由形式法范式转向了福利法范式。

(二)"社会福利国家实质法"范式

在自由竞争时期,其理论预设是市场可以自动运行,个人可以借助形式理性的法律实现自我利益最大化。这个预设的前提是市场运行会保持平衡,社会权力会平均分布,个人的理性资质和博弈能力会整齐划一。然而,事实并非如此,无形之手任凭多么奇妙也无法避免市场失灵;经济实力的差异导致了社会权力的分布极不均衡;个人在生理、身体、家庭等方面的差异导致了形式平等下的实质不平等。作为弱势群体的个人面对社会犹如面对自然,其命运受到诸多不确定因素的摆布和影响。随着经济危机的频繁出现,社会日益复杂化,人们的风险更是成倍增加。

为了减小风险和减少不确定性,进入 20 世纪,西方世界在政治、经济、文化等领域都发生了重大变化。二战以后,福利国家趋势明显加快,国家与社会界限开始模糊,国家与社会的合作加强,政府运用法律机制积极地干预经济和社会生活,国家职能扩大迹象开始呈现,这些变化给法制思想和理论带来了巨大冲击,当代"社会福利国家实质法"范式出现了。

在过去,与"小国家、大社会"的结构定位相适用,私法地位明显优于公法,而到了福利国家时期,伴随政府干预机制和作用的强化,公法开始影响和渗透到市民社会中的私人事务中去。人们意识到,平等的主权权利不再可能仅仅通过法律主体的消极地位而得到保证和实现,必须引进新型的基本权利,以确保所有具备基本的物质生活条件。这样,带有公法性质的基本权利(其中最明显的是经济、社会和文化权利)相继得到了确认并被提升到宪法高度。劳动法、社会保障法以及经济法的晚近发展,已经打破了公法与私法的传统界分,这些"公私混合"性质的法律旨在协调利益关系,维护社会公平。

对于公法进入私人领域,自由主义的法律观认为这是对私人自主的破坏,而福利国家主张者则认为,这种对私人自主的干预恰好是为了确保私人自主,否则私人自主只能停留在消极的自由层面。福利法的背后隐含着这样一种理念:"每个人在法律框架之内可以做他愿意做的任何事情的权利,只有在这些法律确保法律实质平等意义上的平等对待的条件下才得到实现。"①"福利法致力于解决资产阶级形式法无法解决的一系列问题,它除了关心公民权利,也开始关心政治和社会权利;不仅关心市场也开始关心国家的功能;除了重视自由也开始关注平等;不仅关注法律平等,更注重事实平等。"

当代"社会福利国家实质法"范式的本质,从一定意义上可以理解为法律的实质化。这个趋势从马克思·韦伯时代就已经开始了,但直到第二次世界大战结束以后才得到充分、清晰的展示。"社会福利国家实质法"范式取代古典"资产阶级形式法"范式,被人们看成是"一种新的、同社会福利国家的正义观相联系的工具性法律观覆盖了、排挤了、并最后取消了自由主义的法律范式"。②

新的法范式引发了法律上的一系列变化。首先,权利领域出现扩展。法律主体的权利从古典的民事权利和公民权利层面开始逐步扩展到现代的经济和社会权利领域,法律开始赋予每个人劳动、医疗、教育、救济等方面的平等权利。这就使得法律不仅要求政府允许人们自由行动,保障这种自由不受他人(包括政府)的侵犯,而且要求政府为公民提供实际条件和保障去实现这些权利和自由;其次,司法、行政部门的自由裁量空间扩大,他们的职权不再仅仅局限于对意义明确、范围确定的普遍规则的运用和实施。司法能动主义应运而生,并有愈演愈烈之势。

---

① [德]哈贝马斯:《在事实与规范之间》,童世骏译,生活·读书·新知三联书店 2003 年版,第 500 页。

② [德]哈贝马斯:《在事实与规范之间》,童世骏译,生活·读书·新知三联书店 2003 年版,第 486 页。

弗里德里克·哈耶克(Friedrich August von Hayek,
1899 年 5 月 8 日—1992 年 3 月 23 日)及其著作
《通往奴役之路》中文版封面

面对"社会福利国家实质法"范式的影响,很多西方自由主义学者深感国家干预、集体主义倾向及自由裁量权扩大等对传统自由和权利的威胁,发出了"法律传统的危机"或"法律的衰落"的惊叹声。哈耶克就曾主张,倡导"社会主义"和走向"福利国家"都是"通往奴役之路"。许多属于西欧社会民主党的人士则坚决拥护福利国家的社会改良主义道路,甚至认为这种福利国家是通向社会主义的桥梁。哈贝马斯与这些人的主张不同,他在肯定了福利法范式积极作用的同时,敏锐地指出了这种法范式的缺陷:

第一,福利法涉及的范围十分广泛,如劳动、安全、健康、住宅、最低收入、教育、休闲等诸多方面,以便为每个人提供最基本的生活保障。福利法的出场的确在很大程度上弥补了形式法的缺陷,然而它导致了政府权力的扩张和膨胀,这转而限制和压缩了私人自主的空间。政府提供关照和分配机会的行为具有家长式恩赐的意向,从而导致了政府对私人生活进行专断干预,并将所谓"正常行为方式"强加于人。在哈贝马斯看来,这种福利立法的实施导致了一个悖论:它的本意在于保障个人自由,但却侵犯了个人自由;它的初衷是确保私人领域能够自主,但却妨碍了私人生活。

第二,行政机构"自我编程"现象日益严重。所谓"自我编程"现象是指,行政机构通过变机立法并同时执行自己所立之法,而将立法与执法大权集于一身。在自由放任时期,行政机构很少干预市场和社会,即便进行干预,其前提条件和具体方式也都有明确的法律事先规定。但到了福利国家时期,行政机构被赋予更多的任务:不仅要应对当下问题,还要面向未来发展;不仅要维护市场秩序,还要关照个人的生活状况;不仅要应对现实的社会危机,还要预防潜在的风险。在立法机构穷于应付并往往在专门问题上感觉无能为力之时,行政机构"自我编程"现象却愈演愈烈。显然,这种做法背离了立法的民主原则和分权原则,违背了法治精神,从根本上缺乏合法性。

第三,法律的实质化对于权力部门之功能的分化造成了严重的后果。司法部门发展法律的趋势逐渐扩展成一种隐性立法,从而既危害司法权力部门的合法化基础,也危害司法活动的合理性,而且导致了对于行政部门的宪法监控的匮乏。

第四,福利法范式把正义归结为分配正义,把权利理解为可被分配的份额和可以分割的物品,把自由理解为物质上受益,这种正义观和权利观歪曲了正义、权利和自由的真实含义。正义本应意味着可普遍化的道德,而权利意味着在社会关系中的自我决定和自主选择,自由更重要的是积极自由,即通过行使交往自由进行政治参与,从而根据自己的意愿和意志实现自我立法。

哈贝马斯认,虽然形式法和福利法各有特点,且彼此之间存在重大差异,但从交往行动理论的角度来分析,它们存在着某些共同的缺陷,表现在:

　　首先,它们在方法论上都是从孤立的个人主体出发,都没有从主体之间的角度来考虑问题。前者侧重的是个人通过自己的选择来享有和实现自由和权利,后者侧重寄希望于政府导控和关照来确保个人自由和权利实现和享有。这两种法范式都带有工具理性的特质,前者是歧视性的,因为它对于事实不平等的负面效应麻木不仁;后者是家长主义,因为它对于国家补偿这些措施的负面效应视而不见。在哈贝马斯看来,这两种法范式实质上都不能从根本上达到自己的目标,因为它们所关注的都是公民受法律保护的消极地位,而没有从它们自己的合作互动的视角来考虑权利和自由问题。

　　其次,两者都关注个人基本权利,但对于基本权利的含义和内容的理解都较为狭隘。前者把权利理解为自己可通过市场博弈去"占有"之物,后者把权利理解为可通过政府分配而"持有"之物。在哈贝马斯看来,权利是"关系"而不是"物品",是关于人们可以彼此"做"什么的可能,而不是关于人们可以"有"什么的分配安排。所谓"'做'什么的可能"意指公民通过行使权利表达自己的意愿,进而赋予自己所需要的权利内容和确立必要的维权机制,而不是处于权利承受者的消极地位,等待政府通过立法赐予权利。

　　第三,这两种范式都割裂了私人领域与公共领域、生活世界与系统以及市民社会与政治国家之间的内在联系。形式法范式强调私人自主、生活世界中私人生活的封闭以及市民社会的自治,看不到公共领域的合作与协商、复杂社会中系统导控的积极功能以及政治国家与市民社会进行沟通的可能性。而福利法看重的是系统和政治国家的作用,放纵了它们对生活世界自由的专断干预以及对市民社会自治和公共领域自主的肆意取代。这两种范式都忽略了私人自主与公共自主的内在联系,忽略了个人主观权利与政治自主权的内在联系。

　　正是由于古典"资产阶级形式法"范式和当代"社会福利国家实质法"所具有的上述缺陷,西方法学家提出了一些新型的解决法范式问题的方案,试图完成对两种主流法范式的超越,如诺内特和塞尔兹尼克的走向回应型法进路,以昂格尔为代表的批判法学走向习惯法的路向以及哈贝马斯的走向程序主义法的尝试。

(三)程序主义法律范式

哈贝马斯认为,现代法治的根本危机在于法律本身缺乏合法性,因此解决之道在于寻求确保合法之法生成的途径,实现法的事实性与法的有效性的有机统一,而这要求:在方法论上必须从主体之间互动的角度出发,而不是从孤立的个人的角度出发;必须从公民自己参与立法的民主角度出发,而不是从政府自上而下强加法律的角度出发;必须从个人不被集体同化的角度出发,而不应简单地以集体意志代替个人意志;必须从私人自主与公共自主互为前提的角度出发,而不应将两者对立起来或融为一体。基

**美国批判法学家昂格尔的著作
《现代社会中的法律》
中文版封面**

于这种思路,哈贝马斯提出了一种新的法律范式,即"程序主义"的法律范式。

哈贝马斯的程序主义法律范式是与他的交往行动理论紧密相联的。根据他的交往行动理论,人类的理性行为可以分为四类,即目的行为、交往行为、规范行为和戏剧行为。他从普遍语用学的角度,论证以理解为旨向的交往行为是人类的基本行为,而以成功为旨向的目的行为则是扭曲的行为。他认为,现代社会的一个重大误区是目的理性行为占据了统治地位。这种行为以单个主体为基本单位,个人从功利出发,把他人当做

实现自己目的的工具,把社会当做追逐私利的战场,把成功作为衡量人的价值的标尺。其结果导致了人际疏离、人群隔阂、强弱不等、贫富不均、社会冲突迭起,而这一切正是现代社会危机的病根。为了摆脱由此引发的危机,结构化和体制化的经济权力和政治权力对社会进行了系统导控,其中最显著的是福利国家开始对经济和社会进行了干预,由此形式法范式为福利法范式所取代。这种系统导控对于纠正形式法范式的弊端来说虽然有其必要性,并且在一定程度上缓解了自由放任时期的社会冲突,但却引发了新的危机,即导致了系统对生活世界的宰制,国家权力对私人自主领域的破坏,并影响了公共领域和市民社会的健康发展。在哈氏看来,现代社会的上述局面完全有悖于理性启蒙运动的初衷。

那么,如何才能从根本上走出困境、摆脱危机呢?哈贝马斯认为,只有从主体之间的关系出发,以以理解为旨向的交往行为取代目的行为的支配地位,才能走出误区、摆脱困境。他说:"一种法律秩序之为合法的程度,确实取决于它在多大程度上确保其公民的私人自主和政治公民自主这两种同源的地位;但与此同时,它之所以具有合法性,也是归功于交往的形式——只有通过这种形式,这两种自主才得以表达和捍卫,这是一种程序主义法律观的关键。在私人自主的形式法保障被证明为不充分后,在通过法律进行的社会导控同时危害了它本来要恢复的私人自主之后,唯一的出路是重视那些同时保障私人自主和公共自主之形成条件的交往形式,研究它们之间的相互关联。"①

具体说来,"程序主义"法律范式包括两方面的内容:一是非建制化的意见与意志形成过程。哈贝马斯认为,私人自主与公共领域自主两者之间互为条件,并且"私人行动主体和国家

---

① 〔德〕哈贝马斯:《在事实与规范之间》,童世骏译,生活·读书·新知三联书店 2003 年版,第 508 页。

行动主体的主动性空间之间不再是一种零和博弈,取而代之的,是生活世界的私人领域和公共领域这一方面和政治系统这另一方面之间的多多少少未受扭曲的交往形式"①。而这一交往形式就是非正式的、非建制化的意见形成和意志的形成过程。也就是说,坚持把所有有关的人在参加了合理的论证之后的同意作为普遍程序的条件,而不是某个特殊的利益集团或伦理共同体的标准,以此作为法律的基础。二是建制化的意见形成和意志形成过程。通过合法之法对论证意见的形成和意志的形成过程的程序与交往进行建制化,使合法立法过程成为可能。法律建制化的人民主权与非建制化的人民主权的普遍结合和互为中介,构成了法律程序主义的核心。法律的强制性与合法性之间的裂缝也因而在程序主义的法律范式中得以弥合。

为了便于理解程序主义法的概念和机制,哈贝马斯以有关女性的法律为例进行了阐释。形式法范式强调男女形式平等,因而不考虑女性与男性的生理差异,结果导致了女性成为了形式平等法律的牺牲品,她们在事实上成为了受到歧视的弱势人群。福利法范式认识到了女性与男性之间的差别,对她们给予了许多特殊的关照,但是这种家长式的关照却带来了负面效应,例如法律对妇女怀孕和生育的保护却增加了妇女就业的困难,对妇女劳动保护的强化却导致妇女低薪人数比例上升等。哈氏认为,这两种法范式都是在男权主义统治的社会中以男性作为标准来定位女性的,都建立在个人主义的基础上,都是以男权文化为背景的,因而无法走出困境。只有根据程序主义法的范式才能真正解决这类问题。据此,关于女性的法律既不由男性主宰,也不能委托给政治系统来定夺,首先应由女性作为参与者自己来讨论,她们根据自己的性别特点提出自己的需要、愿望和要求,界定女性与男性的不同点与相同点,表达她们

---

①　[德]哈贝马斯:《在事实与规范之间》,童世骏译,生活·读书·新知三联书店 2003 年版,第 508 页。

对男权主义社会的感受和意见，并表达受到歧视的痛苦和愤怒。不过，哈贝马斯并不是主张有关女性的立法完全由女性自己来制定，而是认为必须首先进行公共讨论。公共领域经过广泛和充分的讨论之后，将这种讨论所形成的意见和意志传输到立法机构，后者在充分吸收和慎重协调公众意见和意志的基础上，制定有关妇女权益的法律。这种程序主义法范式的核心就是希望公民积极行使交往权利，通过政治自主和参与民主立法过程来表达自己的意志，确认并赋予自己各种权利。

哈贝马斯的程序主义法律观把法律产生的程序视为现代法的精髓，它强调事实平等与形式平等、公共自主与私人自主的双重关联。它不仅要驯服资产阶级市场经济的盲目性和霸道性，而且要通过法律对行政权力的间接控制，摆脱任性的行政权力干预。私人自主的市场参与者和福利国家的科层机构的当事人被政治公民所代替，这些公民通过协商和沟通来表达他们的愿望需求，来澄清与确定有争议的准则与标准，对同等情况同等对待，对不同情况不同对待，从而维护他们的利益。在哈贝马斯看来，资产阶级形式法范式强调形式的公平而冷酷，福利国家法范式强调实质公平而越俎代庖，只有程序主义法律范式通过同时保障公民私人自主和公共自主而摆脱了市场崇拜与国家崇拜的两难处境。

需要指出的是，哈贝马斯在这里所说的"程序"，不是指执法的程序，即不是与"实体法"相对的"程序法"意义上的程序，甚至也不是立法程序，而是他的"对话理论"中的程序。在法哲学和政治哲学中，这一程序本身是与民主过程联系在一起的。哈贝马斯法哲学和政治哲学中的程序主义，实际上是商谈层次上的"程序"。它涉及生活世界中的交往行为，因此比立法程序更基本。如果说立法程序只是体现了传统的民主理论，那么，哈贝马斯实际上是想把整个生活世界民主化。

对哈贝马斯提出的程序主义法律范式，有人认为这是哈贝马斯放弃其批判立场，逐渐转向保守的表现；有人则认为这种观点体现了"内在的社会批判的方法和视角",是其批判理论传统的延续。事实上,奠基于交往行为理论之上的程序主义法律范式正是秉承了哈贝马斯一贯的理论探索路径。他既要批判过去,又要为未来法律发展提供一种方案。当然,由于理想沟通语境之难求,因而不可避免呈现出某种空想色彩。

哈贝马斯也意识到,程序主义法律范式容易被指责为空想主义、"乌托邦"理论。毕竟,基于"交往理性"本身就是一种乌托邦,在权势和利益面前,"交往理性"几乎总是会碰得头破血流。对此,哈贝马斯从两方面为自己辩解。一方面,他把乌托邦与对未来社会的美好向往联系在一起,认为社会不能缺少这种意义上的乌托邦;另一方面,他认为随着社会的发展,"交往"本身会成为金钱和权势之外的、与这两种力量相抗衡的第三种力量,即他所说的"交往力量"(communicative power)。程序主义法律范式就是要运用交往力量,纠正金钱和权势所造成的生活世界的扭曲,反对它们对生活世界的支配,即所谓"生活世界殖民化"。

第七章　程序主义民主观

把程序主义的协商政治学作为民主理论的基石，既有别于把国家作为伦理共同体的共和派，也有别于把国家作为市场经济保护者的自由派。

——[德]尤尔根·哈贝马斯

人民主权原则表现在保障公民公共自律的交往和参与权之中，法治表现在保障社会成员私人自律的那些经典的权利之中。

——[德]尤尔根·哈贝马斯

从《事实性与有效性》一书的英译本和中译本的书名就可以看出，该书的一大主题是关于民主法治国的探讨，哈贝马斯运用其商谈对话理论对民主问题、民主与法治的关系问题作出了新的解说，以挽救当代资本主义社会面临的危机。

一、作为背景的自由主义民主模式和共和主义民主模式

哈贝马斯指出，关于法律与民主，存在两种代表性的理论，一种是自由主义的理论，一种是共和主义的理论。自由主义可以追溯到洛克，而以康德的思想最为典型。自由主义以个人作为法律和民主的主体，认为社会和国家是由个人组成的，因而，只有个人才是真实存在的，社会和国家只是个人间社会契约的派生物。"民主进程的作用在于根据社会的不同利益来安排国家，其中，国家是公共管理机器，社会是私人及其社会劳动按照

市场经济规律进行交换的系统。"①政治的作用在于联合和贯彻私人的社会利益,用以对抗国家,因为国家追求的是用行政手段行使政治权力,以实现集体目标。

共和主义可以追溯到亚里士多德和文艺复兴时期的政治人文主义者那里,而以卢梭的思想最为典型。共和主义把共同体放在个人之上,认为个人只有在共同体中才有其真实的存在。政治是一种媒介,有了政治,共同

约翰·洛克(John Locke,1632年8月29日—1704年10月28日),英国近代哲学家,经验主义的鼻祖。

体成员就可以意识到他们相互之间的依赖性,就可以作为公民把已有的相互承认的关系有意识地发展和塑造成一个自由和平等的法人联合体。②

哈贝马斯在《民主的三种规范模式》③一文中,从公民的权利性质、法律秩序、政治过程、社会与国家的关系四个方面概括了它们的区别。

(一)公民权利的性质

自由主义把公民与主体权利联系起来,认为公民的地位是由主体权利确定的,主体权利是公民面对国家和其他公民时所固有的。这里的权利主要是指消极权利,或者说是一种消极自

---

① 〔德〕哈贝马斯:《包容他者》,曹卫东译,上海人民出版社2002年版,第279页。

② 〔德〕哈贝马斯:《民主的三种规范模式》,载哈贝马斯:《包容他者》,曹卫东译,上海人民出版社2002年版,第280页。

③ 〔德〕哈贝马斯:《民主的三种规范模式》,载哈贝马斯:《包容他者》,曹卫东译,上海人民出版社2002年版,第279~292页。

由,即只要公民在法律范围内追求自己的利益,就不受国家的非法干预。

亚里士多德(Aristotole,公元前 384—前 322),
古希腊思想家,百科全书式学者

共和主义民主模式认为公民的地位不能按照消极的自由模式来确定,因为消极自由是私人所享有的。公民的主要权利是政治参与权与政治交往权,具有积极权利的性质。这种积极权利不仅确保公民不受外来强制,而且还能保证公民参与公共实践,使公民成为一个自由而平等的政治共同体中具有责任感的主体,在此过程中,就大家共同关心的目的和规范达成共识。公民只有积极参与政治,才能保障自己的自决权。

(二)法律秩序

自由主义民主模式认为法律是一种以保护个人自由权利为目的的主观法。公民的主体权利先于法律秩序,法律秩序来源于主体权利,以主体权利为基础。法律秩序的价值在于规定具体情况下主体所具有的具体权利。

共和主义民主模式则主张法律是作为社会共同体的一种伦理存在方式的客观法。法律秩序先于主体权利,主体权利来源于一种客观的法律秩序。换言之,主体权利必须以法律秩序为基础,只有通过法律秩序,才能促使和确保公民在平等、自主和相互尊重基础上共同生活,并达成一致。主体权利说到底不过是政治意志的抉择,主体权利的客观内涵更加重要。

(三)政治过程

自由主义的政治范式是"市场型"。它认为,政治就其本质而言,是围绕行政权力而展开的不同立场之间的竞争,权力的捍卫与争取,取决于选民对于竞争者个人及其纲领的评价。政治属于策略行为领域,公共舆论和意志被看做是谋求或维持公共权力的工具。政治家用自己的政治主张到政治市场换取选民的选票,选民用选票到政治市场购买能最大限度实现自己利益的政治主张。公共政治意志是个人偏好的总和。民主的作用是通过选举和其他方式对政府实行监督。国家的作用是保护个人自由。

共和主义的政治范式是"交往型"。它认为,政治意见和政治意志的形成过程遵循的不是市场的结构,而是一种独特的公共交往结构,目的在于对话、沟通。政治不是利益的交换,而是观点、思想、价值的交换。政治意志不是个人利益和偏好的外在相加,而是基于共同价值目标和追求形成的集体意志。它的功能不是对政府权威加以监督,而是创造政府。国家存在的价值和理由不是保护个人的平等权利,而是保护政治意见和政治意志在公共领域和议会中形成的条件。[①]

(四)社会与国家的关系

社会与国家的关系取决于对"社会"的理解。自由主义认为,社会是自发形成的私人劳动与商品交换领域,社会独立于

---

① 参见哈贝马斯:《民主的三种规范》,载于哈贝马斯:《包容他者》,曹卫东译,上海人民出版社 2002 年版。

政治,市场不仅自发调节物质的交换,还调节着利益的交换。正常情况下,社会可以独立于国家而存在,国家的存在只是为了防止非自愿交换的强制因素的干扰,如偷窃、抢劫等,在次要意义上,国家也承担着市场无法提供的公共物品。在自由派那里,社会和国家的界限是清楚的,法律的作用是在社会和国家之间筑起一道墙,防止国家对社会的任意干扰。

共和主义反对把社会理解为非政治的市场交换总体,认为社会是由政治行动构成的生活共同体,国家是公民自我组织的形式,国家在社会之中。政治与社会之间没有固定的界限,社会既可以通过国家把自己组织成一个总体,也可以把国家消解到公民自我协调交往关系中。

自由主义和共和主义争论的核心是民主与自由的关系。自由主义强调自由具有内在价值,民主作为一种政体只是保护个人自由的工具,因此,它强调权力分工和相互制衡。共和主义则认为,民主作为政治参与和主体自我实现的过程本身就具有内在价值,个人权利只是保障集体民主参与的工具。

二、程序主义的民主模式

哈贝马斯认为自由主义和共和主义民主模式都存在固有的缺陷。自由主义民主模式以过时的自然法作为的哲学基础,总是诉诸超民主的自然理性或上帝为自己辩护,如法国《人权宣言》和美国《独立宣言》把人权作为上帝不可让渡的权利。共和主义民主模式的合理性是抛弃了自由主义民主模式的形而上学基础,坚持通过交往把公民联合起来,但共和主义民主模式对公民提出了非同寻常的伦理要求,对公民在道德上有不堪重负的德性期待。在民主的实现方式上,自由主义民主模式主张间接民主,即代议制民主或精英民主,然而,"代议制下的立法程序只能使少数人意志法律化"①,随着晚期资本主义的到来,

---

① 郝铁川:《论现代法本质的另一面》,载《法商研究》1998 年第 4 期。

无所不管的国家助长了专家的统治。共和主义民主模式主张直接民主,即民粹民主,然而又面临多数人暴政的危险。如,公元前399年,以自由、直接民主著称的雅典城邦法庭判处苏格拉底死刑。就连极力反对间接民主制,认为立法权不能转让,人民选出议员就成为奴隶的激进民主主义者卢梭,对多数人的暴政也有所警觉。他极力区分公意和众意,认为公意和众意有很大的区别:公意总是着眼于公共利益;众意则着眼于私利,是个体意志的叠加。然而,实际生活中民众的意志往往容易被蒙蔽、被蛊惑、被操纵。

1789年法国雅克·路易·达维特(又译大卫)
创作的油画《苏格拉底之死》

　　哈贝马斯提出一种"程序主义"的民主观,试图克服自由主义民主模式和共和主义民主模式的弊端,超越和扬弃这两大民主模式的对立。所谓程序主义民主,在哈贝马斯看来,是一种以交往前提,以话语为核心内涵的民主模式,也可以称为民主的话语模式。其主张表现在以下几个方面:

（一）民主的形成过程是商谈与交往。

自由主义认为,民主的意见和意志的形成过程仅仅表现为不同利益之间的妥协,它们应当通过普选权、代议制及其运作程序来确保结果的公平。共和主义则认为,民主的意见和意志的形成过程应当表现为一种道德上的自我理解。哈贝马斯所主张的程序主义民主观则扬弃了这两种理论:把涉及正义问题的商谈原则和论辩形式作为民主政治的核心。它认为民主政治的核心既不是自由主义心目中的单个个人,也不是共和主义心目中的被理解为宏观主体的公众或人民,而是人与人之间的在政治领域的交往或商谈活动。这样,既避免了把社会当做一个能进行公民自决的宏观主体这种过于理想主义的观点,也避免了将民主理解为把法治运用于许多孤立的私人的、过于实用主义的观点。哈贝马斯赋予民主政治的规范性色彩要淡于共和主义,但要强于自由主义,同时又承认民主政治中的实用因素。这种民主程序在协商、自我理解的话语以及公正话语之间建立起了一种有机的联系。哈贝马斯相信,在这些前提之下,合理乃至公正的结果是可以取得的。

（二）民主的核心是交往的法治化或制度化。

共和主义认为,社会的核心是国家,民主与社会的政治组织是同等重要的,强调公民的政治参与权。自由主义则强调,国家与社会的分离是不可避免的,但可以用民主程序来加以连接。一定的权利和利益均衡离不开法治国家的补充。法治国家对私人交往与私人幸福给以保障,侧重维护公民的消极权利。哈贝马斯的程序主义民主观不再把国家置于社会的中心,而把重点放在公共领域中的非正式的舆论形成过程。话语民主理论同意共和主义的看法,认为应当把政治意见和意志形成过程放到核心地位,但又不能把法治国家的宪法看做是次要的东西,相反,话语民主理论把法治国家的基本权利和原则看做是对如下问题的必要回应:民主程序所具有的充满种种要求的交往前提如何才能得到制度化。话语民主理论并不认为话语政治的实现必须依赖于具有集体行为能力的全体公民,而是必须依赖于相应程序的制度化。

（三）在更高层次上提出了一种交往过程的主体间性。

哈贝马斯认为,自由主义和共和主义都没有注意到对方的合理之处,更没有注意到除了个人和整体之外,还存在第三种力量,即主体间性。由对话理论而来的商谈政治就立足于主体间性。程序主义民主模式告别张扬主体性的意识哲学,在更高层次上提出了一种交往过程的主体间性。它一方面表现为议会中的商谈制度形式,另一方面则表现为政治公共领域交往系统中的商谈制度形式。通过这样的形式,有关整个社会重大议题和需要管理的内容的意见和意志能够形成,并且多少具有合理性。非正式的意见形式贯彻在制度化的选举抉择和行政决策中,由此,交往权力转换成了行政权力。根据这样的民主模式,在规范意义上,要求把重心从金钱、行政权力转移到团结上来。金钱、行政权力、团结这三种资源共同满足了现代社会一体化要求和控制要求。团结作为一种社会一体化力量,不再仅仅来源于交往行为,它必须通过自主的公共领域以及民主意见和意志在法治国家制度中的形成程序进一步释放出来,并在面对其他两种资源时能够捍卫自己的地位。

总之,哈贝马斯的程序主义民主观一方面坚持把所有有关的人在参与了合理商谈之后的同意——这是一个普遍的程序性条件,而不是限于某个特殊的利益集团或伦理共同体的标准——作为法律的合法性的基础;另一方面又把这种合理共识的范围本身最后缩小到政治商谈和谈判的程序上。这样,民主并不意味着"人民"直接行使治权力。在复杂、多元的传统社会中,这既不可能也无必要。但民主也不仅仅意味着"人民代表"代替人民行使权力,没有参与的代议民主是对民主本意的违背。重要的要有一个原则上向全体公民开放的"政治公共领域",使在这个公共领域中的非正式的公共舆论的形成过程,成为立法机构中的正式的公共意志形成过程的基础。

三、人权与人民主权

在人权与人民主权的关系问题上,自由主义民主模式与共和主义民主模式长期以来一直各执一端,相互对立。哈贝马斯认为,程序主义民主模式可以调和二者的对立,同时确保公民的人权与人民主权、私人自主与公共自主、消极自由与积极自由。

(一)人权的普适性

哈贝马斯指出,自20世纪80年代开始,人权政治在国际范围内开始得到普遍重视,并取得了一定进展。但与此同时,在对人权的理解以及如何才能使其得到贯彻的问题上,也出现了严重的分歧。有人指责在人权政治的国际贯彻中,存在一种将政治"道德化"的倾向,即把一部分人的道德价值加以普遍化,强加于所有人。哈氏认为,这一指责没有将人权的概念在法律和道德层面上作明确区分。人权的双重性质带来了理论上的混乱。

依照哈贝马斯的看法,人权概念具有双重内涵,即道德内涵和法律内涵。作为道德规范,人权的最终根据是"善",是对自主的个人自由意志的"自律",并不具有强制的约束力;而作为法律规范,人权是人人必须遵守的"义务",它产生于对主体自由,即对于行为的任意性,所带来的后果进行法律限制,具有强制性。不能将人权的道德内涵和法律内涵相割裂,否则会导致将人权概念道德化。将人权道德化,实质上是将它降低为一部分人的道德价值取向,从而否定它的普适性内涵。

哈贝马斯对个人的自由和权利的价值深信不疑,反对文化相对主义。他认为,自由和人权并不仅仅是西方文化独具的价值,在这种最基本的问题上,不能说不同的民族、不同的文化有不同的价值观;或对自由、人权的内涵有不同的理解。如果说当代非西方社会和非西方文化认同人权,这不是向西方价值屈服,而是在全球化的时代,面临着相同的环境、相同的问题。他说,对自由和权利的肯定是出自经济的发展的需要,是对法律保障和社会秩序的理性态度,而与关于人性的形而上学论无关。

哈贝马斯承认西方的人权观念发挥着意识形态功能,他说:"回顾历史,从各种解放潮流中我们可以看到,人权一直都在发挥着意识形态的功能。在任何一次解放潮流中,在要求平等和包容的同时,实际上也遮蔽了那些被排挤群体的不平等。这就不能不引起我们的怀疑:人权的功能是否仅限于意识形态。人权难道不是一直都在提供一幅错误的普遍性图景,也就是说,一直都在提供一种想象的人性的图景,在这背后,或许隐藏着的正是西方帝国主义的本质和他们的切身利益?"①由此他梳理了西方对此问题的两种批判形式:一是理性批判形式,一是权力批判形式。不过,他反对其他文化的代言人借用理性批判者和权力批判者的论据,来阐明人权的有效性始终局限于欧洲的发生语境当中。他认为,西方的人权观念在今天已经不仅仅局限于西方文明而具有普遍性,因而在关于人权的跨文化讨论中,他愿意扮演一个"卫道士"的角色,来替西方的人权辩护。不过他又补充说,这并不意味着西方人找到的答案是唯一的或最好的。

哈贝马斯认为,人权应该是文化间的共识。对于人权在不同文化中的争论和冲突,他的解决办法是:来自不同文化的人们参与到人权的话语当中,相互之间建立起对称的关系,也就是说,交往参与者建立起相互承认的关系,并接受对方的视角,一同用他者的眼光来审视自己的传统,相互学习,取长补短,以达成建立在信念基础上的共识。他认为只有这样,才可以对关于人权的不同看法、偏颇的解释以及狭隘的应用加以批判,而且也可以对关于人权的无耻的工具主义观点进行批判。②

---

① ［德］尤尔根·哈贝马斯:《后民族结构》,曹卫东译,上海人民出版社2002年版,第139页。

② ［德］尤尔根·哈贝马斯:《后民族结构》,曹卫东译,上海人民出版社2002年版,第141、148页。

在当代的思想论争中,不少人以文化多元为由否定自由与人权的普遍价值,有些根本不愿容忍多元化的人,偏偏在这个问题上喋喋不休地大谈多元,他们实际上是用极端相对主义和虚无主义来歪曲多元化这个概念。

哈贝马斯看到了"普遍的"人权与各国具体实践之间的紧张关系。他说:"在人权的普遍意义与实现人权的具体条件之间,存在着一种独特的紧张关系。要想真正从制度上实现世界公民权的目标,我们还有很长一段路要走。""在这样一个变动不定的时局下,人权尽管是国家共同体政治的唯一合法化基础,几乎所有国家都接受了联合国的《人权宪章》,但是,对于人权的普遍意义、内容以及地位还充满着争执。"

具体到人权的"个体主义特征"是否与亚洲的"集体主义"文化相一致的问题,哈贝马斯认为,问题并不在于人权作为个体主义法律制度的一个部分,是否与亚洲的文化传统相一致;而是在于传统的政治一体化形式和社会一体化形式,是否一定要迎合难以拒绝而又广受肯定的经济现代化的要求,或者,它们是否可以违背其要求而得以坚持。他认为,关键并不在于文化层面,而在于社会经济层面。亚洲社会不能抛开个体主义的法律制度而实现经济现代化。①

依哈氏之见,尊重和保护人权的要求成为当前通用的国际法的一项重要内容,但正因为现代的国际法将国家间关系的自然状态法律化了,违反人权的行为,特别是战争罪和反人类罪,才很难得到追究。在今天的世界,国家的独立和主权以及不干涉内政,成了某些国家的政府践踏人权的行为最有效的保护伞。而这恰恰是作为普适主义规范的人权,在今天无法得到有效国际贯彻的根本原因。

---

① ［德］尤尔根·哈贝马斯:《后民族结构》,曹卫东译,上海人民出版社2002年版,第143、144页。

日本犯下战争罪、反人类罪的图片证据

当今的现实状况是,国家公民运用法律手段控告政府损害人权,往往被看做反对、试图颠覆政府的行为,如求助于国际舆论声援则会被视为反民族、反国家的行为。某些国家的政府以对人权的理解不同为由,断然拒绝国际社会对其侵犯人权行为的谴责。它把对国内不同种族和民族的歧视、隔离甚至镇压美化为反对国家分裂、维护领土完整和社会稳定的努力。此外,迄今为止,国际社会还缺乏一个拥有绝对权威的国际刑事法庭来审理和判决已被确认的违反人权的案例。

在哈贝马斯看来,全球人权保障最关键的问题是缺少一种执行权力,这种权力能够在必要时通过对民族国家主权的干预,使《普遍人权宣言》得到尊重。由于违反人权的控诉在许多情况下是针对一个民族国家的政府提出的,现有国际法中关于禁止干涉一国内政的原则必须修改。在他看来,迄今为止,联合国只有在一个国家缺乏一个能有效控制局面的政权时,才能在该国政府的同意下采取干预手段。但在 20 世纪 90 年代初的海湾危机中,一些西方国家在未取得安理会授权的情况下,仍然采取了军事干预,从而在事实上开创了一个先例。为避免上述情况的再次发生,哈贝马斯要求对联合国进行改革,以扩大它在世界所有地区贯彻人权政治的超国家行动能力。而这项改革的重要内容之一,便是以联合国为基础,建立一个拥有"世界政府"职能的世界组织,以改善人权保障的"体制性框架"。

(二)人权与主权

人权和人民主权这两个西方立宪民主制度的基本概念是自由主义和共和主义之争的核心。哈贝马斯既反对"自由主义"所持的人权高于主权的观点,也反对"共和主义"所持的主权高于人权的观点,他认为这两种观点都是片面的,他通过商谈理论的论证方法,证明人权(私人自主)与人民主权(公共自主)之间不存在一方对另一方的绝对优越地位,它们之间是一种互为前提的关系。他说:"人民主权原则表现在交往权和参与权当中,保障的是公民的公共自主。相反,古典意义上的人权保障的是社会公民具有生命和私人自由权,也就是说,为他们追求自己的生活目标提供了活动空间。""但是,政治理论没有能够认真地对待人民主权与人权、'古代自由'与'现代自由'之间的紧张关系。共和主义可以追溯到亚里士多德以及文艺复兴时期的政治人文主义那里,它一再强调公民的公共自主优先于私人的非政治自由。自由主义从滥觞于洛克(至少从19世纪)始,就提醒人们注意多数人专制的危险,强调人权高于人民意志。前者认为,人权的合法性得益于政治共同体的伦理的自我理解和主权的自我决定;而后者则认为,人权从一开始就有一个合法的框架,可以阻挡人民的主权意志对神圣不可侵犯的主体自由领域的冒犯。这两种观点都是片面的。"①

在哈贝马斯看来,共和主义者所强调的人民主权观念确实

---

① [德]尤尔根·哈贝马斯:《后民族结构》,曹卫东译,上海人民出版社2002年版,第135~136页。

是民主政治的本意,自由主义强调的人权观念确实是法治的核心。但是,他们都没有抓住问题的关键:人权观念(表现于平等的个人自由的权利之中)既不能只作为外在保障而强加于最高立法者,也不能作为立法目标的功能要件而工具化。离开了作为最终立法者的人民的立法,现代法就得不到它的合法性;而离开了公民的自由,公民就无法行使其民主权利。个人人权至上论的自由主义观点虽然有利于维护私人自主,但无法论证其背后的道德基础,由此会导致将一些主观偏好的价值作为客观规范强加于人;而强调人民主权至上的共和主义主张虽然突出了公共自主的重要性,但可能将个人消融于伦理的群体之中,由此私人自主则会荡然无存。只有将两者内在关联起来,才能摆脱上述两种进路的缺陷。他认为,个人人权和人民主权都应建立在主体之间的交往过程中,个人人权不应是康德所主张的个体之我的主观权利,而应是主体之间互相授予的权利;人权主权不应是卢梭所主张的宏观主体"人民"的权利,而应是人们参与民主的交往权利和在此基础之上形成的交往权利。换言之,人权和人民主权应统一于民主的商谈过程中,它们的内容都应该是民主立法的产物。但是,人们要能够真正行使主权,就要能够参与交往活动和进行民主立法,而这需要获得法律形式的权利体系作为条件。

四、法治与民主

在西方哲学传统中,自由主义强调法治,共和主义则更强调民主。哈贝马斯认为,他对法治(尤其是权利体系)和民主(尤其是公共领域的民主讨论和民主的立法程序)的论证,确立了法治和民主的内在关系,同时也可用来协调和整合表面上对立的自由主义和共和主义。

哈贝马斯认为,法治的核心是一个权利体系以及对此体系中权利的有效保障。他所说的权利体系主要包括两大类权利,他分别称为私人自主的权利和公共自主的权利。私人自主的权利是指在任何一个由自由和平等的个人所组成的群体中,每个成员都应该享有的权利,也就是说,即使没有政府的存在,只要一群人结合成一个群体,并互相承认对方的自由及其与自己和他人的平等性,那么便需承认每个人都有这些私人自主的权利。私人自主的权利包括一般所谓消极的自由,如言论自由、人身自由,也包括作为社群的成员的权利(如居留权)和正当程序的权利。至于公共自主的权利,则是因国家或政府的成立而产生的权利,即参与公共领域中的讨论的权利,以及一般的选举权、被选举权等。此外,公共自主的权利也包括得到社会福利保障和救济的权利,这是国家对其成员应有的责任。

哈贝马斯指出,权利体系的内容(即哪些权利应受承认和保障)决不是不言而喻、不证自明的,唯有通过公共领域中的理性的、民主的讨论,形成公共意见和公共意志,而此意志又通过民主立法程序升华为法律,权利体系的具体内容才得以彰显。在哈贝马斯看来,没有民主就不会存在真正的法治国家,一种法律制度,只有在人民本身成为法律的主人的时候,才具有合法性。法律的合法性不存在于法律体系自身系统中,只有在人们交往活动的公共领域中才能保证法律的合法性。哈贝马斯把交往活动看做是法律的合法性来源,指出法律的合法性也来源于交往的形式,而这种交往形式对自由的表达和维持来说是本质性的。他认为只有在自由的对话中产生出来的公共舆论才蕴藏着公正性,源于话语民主的公共舆论最终应是法律的唯一源泉。没有体现在交往行动中的分散形式的人民主权,就不可能有合法的法律;没有真正实现了的民主,就不可能有真正自主的法律;没有民主基础上的法律就谈不上真正的法治国家,换句话说,如果是在个别统治者的意志的基础上产生的法律,那很可能是专制的法律,当然谈不上是真正的法治国家。

在论证了法治对民主的依赖之后,哈贝马斯又指出民主对法治的依赖性。他认为民主需要法律来制度化。由于哈贝马斯的民主观是程序主义的,所以他特别重视法律关于民主的程序性规定。议会的民主实践,有赖于法律对议会中的理性讨论的制度化、程序化。至于公共领域中的理性讨论和民主实践,也有赖于法律所提供的制度性保障,如言论、出版、集会、游行自由等保障。民主必须依靠法治国家才能实现,离开了法律,离开了法律所保障的公民的自由,公民也就无法通过自由、平等的交往行动去实现民主。在交往行动过程中,每一个人都能自由、平等地参与对话、沟通,而这需要法律来界定和保护,公共领域的交往活动是以法治国家所保障的人权为前提的,没有人权,就谈不上哈贝马斯所设想的理想的交往行动,也就谈不上话语民主。共和主义往往强调了民主,而忽略了自由主义所强调的"法治"和人权。哈贝马斯通过交往行动理论,使民主和法治相互依存,互为前提,把二者内在地联系在一起。这也正是他的法哲学巨著《在事实与规范之间》的副标题"关于法律和民主法治国的商谈理论"的精义所在。

把法律和民主奠定在对话和商谈的基础上,体现出哈贝马斯改造资本主义的意图。在《在事实与规范之间》的最后一章,哈贝马斯通过"程序主义法律范式"这一概念把法律的合法性理论与社会理论结合在一起,从而表明:法律既不能立足于单纯的利益之争,也不能立足于单纯的理性思辨,而应当立足于对话或商谈。这需要发展出一个扎根于生活世界的、经济和政治之外的公共领域。通过在公共领域中成长起来的公众舆论所形成的交往权力,可以把行政权力控制在自己手中,从而驯化资本主义。

第八章　司法的合理性

在这个司法领域中,法律中的事实性和有效性之间的内在张力表现为法的确定性原则和对法的合法运用(也就是作出正确的或正当的判决)之主张这两者之间的张力。

——[德]尤尔根·哈贝马斯

司法的合理性问题就在于:一种偶然地产生法律的运用,如何才能既具有内部自洽性又具有合理的外在论证,从而同时保证法律的确定性和法律的正确性呢?

——[德]尤尔根·哈贝马斯

司法的合理性问题是法哲学领域中的重要问题,受到了多种法学流派的关注。哈贝马斯在《事实性与有效性》一书的第五章和第六章对此进行了探讨,目的是为法的商谈论作进一步的辩护,以证明商谈论在重要的法学领域中具有全面的适用性。

哈贝马斯指出,在司法领域中,"法律中的事实性和有效性之间的内在张力表现为法的确定性原则和对法的合法适用(也就是作出正确的或正当的判决)之主张这两者之间的张力"[①]。"司法的合理性问题就在于:一种偶然地产生法律的运用,如何才能既具有内部自洽性又具有合理的外在论证,从而同时保证

---

① [德]哈贝马斯:《在事实与规范之间》,童世骏译,生活·读书·新知三联书店 2003 年版,第 244 页。

法律的确定性和法律的正确性呢?"①具体来看,对"确定性"的要求,哈贝马斯不仅联结到法律规范实施的充分性和可预见性这种一般需要,而且联结到司法裁判制作的自洽性(consistency)这种更为具体的需要。对"合法性",哈贝马斯联结到司法判决要被规范地证明并因此值得尊重的需要,这种尊重与制裁无关。为了实现法律秩序的整合功能和法律的合法性主张,法庭判决必须同时满足判决的自洽性和合理的可接受性这两个条件。因为两者不容易调和,两套标准必须在司法实践中达成妥协。这必然面临着司法的合理性②问题。

哈贝马斯首先分析了法律实在论、法律实证论和法律诠释学特别是德沃金的"建构性诠释"理论对此问题的解决办法,在此基础上提出了法律商谈论的处理路径。

一、法律诠释学、法律实在论和法律实证论

(一)法律诠释学

解释学(诠释学)本是一门研究理解和解释的学科,其最初意思就是"解释",主要指在阿波罗神庙中对神谕的解说。后来,发展出了神学解释学,即一种正确理解和解释《圣经》的技术学。再以后,当这种理解和解释的学问被用于法律或法典时,便产生了相应的法律解释学或称法学解释学。由于解释学

---

① [德]哈贝马斯:《在事实与规范之间》,童世骏译,生活·读书·新知三联书店2003年版,第246页。

② 合理性问题,在哈贝马斯那里,有其特定的含义。在《交往行动理论》中,他指出,合理性涉及的不是知识的内容问题,而是知识的运用问题。也就是说,在社会交往过程中,为了使参与行动的主体之间达到理解,形成共识,有必要申述自己的理由,使对方接受自己的意见。这个过程就是一个论证过程。

在当代的发展表现为哲学解释学①,因而,所谓的法律解释学实际上就是哲学解释学在法学中的具体运用。哲学解释学的范畴、要素及原则,在法学解释中同样适用。当然,这并不妨碍法律解释学具有其特定的内容。

阿波罗神庙遗址

---

① 解释学作为一门关于理解和解释的系统理论,是由 19 世纪德国哲学家施莱尔马赫(1786—1843)和狄尔泰(1833—1911)完成的。但他们的解释学理论都没有超出方法论和认识论性质的研究,因而被称之为古典的或传统的解释学。传统解释学向哲学解释学的转变,即把传统解释学从方法论和认识论性质的研究转变为本体论性质的研究的发动者是德国哲学家海德格尔(1889—1976)。海德格尔使解释学由精神科学的方法论转变为一种哲学。而把解释学进一步发展为哲学解释学,是由作为当代西方哲学解释学的最重要代表、当代德国最伟大的哲学家之一的加达默尔(1900—)完成的。哲学解释学的基本含义是:它在根本上是指可能进行意义理解的各种条件,就这样它确定了自己不是方法。它仅说,在哪些前提下,人们能按自己的意义去理解什么东西。现在人们通常所说的解释学,实质上是指哲学解释学,而不是对文本进行解释的传统解释学。应当说,解释学主要是同伽达默尔联系在一起的。

按照法律诠释学的理解,法官在司法判决过程中"不是简单地按照法律对案件进行'推论',自己完全置身于这个进程之外,而是在那个所谓的'法律适用'中,发挥着积极的创建作用"。[①] 法律判决决不是把案件置于有关规则之下这种简单的模式,因为法律推理既不是绝对地从法律规则开始,也不是绝对地从案件事实开始;相反,只有在法官已经对法律规则和案件事实之间的关系具备了某种"前理解"的时候,才能启动规则与事实相互接近的过程。司法过程就是一个通过在规则与事实之间的往返运动来寻找法律规则的过程。也就是说,规则与事实都不是明摆着的事物,而是都需要解释并互相解释的事物。哈贝马斯认为,在诠释学这里,司法判决的确定性被降低了,因为规则的适用不再是自明的,而是有赖于法官的前理解。同时,由于法官的前理解是从他生活的社会历史情境、文化传统、个人生活历程当中获得的,因而在一个多元的社会,依靠法官"碰巧"得来的前理解所作出的判决,是无法得到合法化的。就此而言,诠释学不仅降低了法律的确定性,也把法律的正确性推向了可疑的境地。

（二）法律实在论

法律实在论(现实主义法学)的思想先驱是美国已故联邦最高法院法官霍姆斯(O. W. Holmes,1841—1935)和哈佛大学法学教授格雷(J. Gray,1839—1915),主要代表人物有卢埃林(K. N. Llewellyn,1893—1962),弗兰克(J. Frank,1889—1957)等。根据《大不列颠百科全书》的描述,法律实在论的基本法哲学倾向是:强调"行动中的法",强调法的社会目的性;强调法和社会的不断变化;强调必须把"实然"和"应然"分开,以利于研究;强调对法学家提出的一切正统的假设表示怀疑;特别强调有必要用更切实可行的范畴来代替现代法学家的一般推论和

[①]　[德]阿图尔·考夫曼等主编:《当代法哲学和法律理论导论》,郑永流译,法律出版社 2002 年版,第 145 页。

概念。① 他们通常认为的法律规则是一种虚构,在现实中真实
存在的只有法律适用者的具体判决。因此,法律只是一些官员
活动的事实而不是一种规则体系。法律实在论主张,法律中充
满了不确定性,这种不确定性不仅来源于法律适用者所依据的
渊源多样,而且来源于法律适用者本身具有的复杂品性。

霍姆斯大法官(右)与休斯大法官在一起

　　哈贝马斯认为,法律实在论所持的是一种怀疑论的司法
观。他们认为,法律之外的背景决定着司法判决的结果,对这
种作用,只有用经验分析才可能加以澄清。这些外在因素解释
了法官是如何在判决中使用自由裁量权,它说明了司法判决的
历史的、心理的或社会学的预设。在哈贝马斯看来,如果说法
律的内在逻辑在法律诠释学那里已经弱化的话,那么,在法律

---

　　① 转引自张文显:《二十世纪西方法哲学思潮研究》,法律出版社 1996 年版,
第 113～114 页.

实在论的表述中则完全消失了。因为,"一个法庭程序的结果如果可以根据法官的利益状况、社会化过程、阶级隶属关系、政治态度和人格结构来说明的话,或者通过意识形态传统、权力格局以及法律体系外的经济因素和其他因素来说明的话,判决的实践就不再是由内部因素决定的,也就是说由对程序、案例和法律根据的选择决定的"[①]。按照哈贝马斯所说,法律实在论通过否认过去判决对现行判决的约束作用而取消了判决的确定性要求。它实际上放弃了法律特有的稳定行为期待的功能。

(三)法律实证论

法律实证论即法律实证主义或实证主义法学。根据《大不列颠百科全书》的解释,它的主要意义和基本特征是:"如何将法自身和法应当怎样区分开来;着重分析法概念;根据逻辑推理来寻求可行的法;并否认道德判决有可能建立在观察和理性证明的基础之上。"[②]在哈贝马斯的视野中,法律实证主义的代表人物哈特(H. L. A. Hart, 1907—1992)和凯尔森(Hans Kelsen, 1881—1973)受到了特

凯尔森

别关注。哈贝马斯明确地指明了法律实证论的立场。他说,与实在论学派和诠释学家相反,凯尔森和哈特这样一些理论家阐明了法律规则的内在的规范性质和规则体系的系统结构,使受规则约束的判决的自治性成为可能。实证论者们强调一个不

---

①　[德]哈贝马斯:《在事实与规范之间》,童世骏译,生活·读书·新知三联书店 2003 年版,第 248 页。

②　转引自张文显:《二十世纪西方法哲学思潮研究》,法律出版社 2006 年版,第 67 页。

受法律之外原则影响的法律体系的封闭性质和自主性质。这样,法律规则的规范有效性就仅仅是根据是否遵守法律所规定的立法程序来衡量,规则之所以有效,是因为它们是由有关机构恰当地制定的。整个法律秩序的合法化,也就转移到这个秩序的起源,也就是说转移到一条基本规则或者承认规则。这条规则赋予任何东西以合法性,而本身却无法作合理论证;它必须作为一种历史的生活形式的一部分而事实上确定下来,也就是作为习俗而接受下来。①

由于强调法律规则的确定性和自洽性,法律实证主义把司法判决看做是一个将案件事实纳入规则所设定的构成要件的涵摄过程。但司法过程总会存在常规案件之外的"疑难案件",即没有确定的规则可以适用的案件,对此,法律实证主义是如何看待和解释的呢?法律实证主义降低这个问题的重要性,认为相对于正常司法裁判来说,这种情况属于少数、例外和次要,它并不足以构成威胁,而仅仅是一个可以容忍的小小不便。

哈特

通过这样一种方式,实证论以"边缘性"的不确定性为代价,保住了法律的确定性。确定性是保住了,但疑难案件中的判决如果只是法官根据自己价值判断作出的,那它如何证明自己的正确性呢?

哈贝马斯概括了法律实证主义的立场,他指出,由于把法律的有效性同它的起源绑在一起,理性或道德在某种程度上被置于历史之下,法律实证主义对司法的合理性问题,也就是确

---

① [德]哈贝马斯:《在事实与规范之间》,童世骏译,生活·读书·新知三联书店2003年版,第249~250页。

定性与正确性的紧张关系问题,作了一种不对称的处理,即过分重视了确定性保证而忽视了正确性保证。①

德沃金

二、德沃金的"建构性诠释"论

罗纳德·德沃金(Ronald Dworkin,1931—)是当代美国著名的法哲学家,新自然法学派的代表人物。主要著作有《认真对待权利》、《法律帝国》、《自由的法》等。有学者认为,德沃金的法学理论主要包括三个方面的内容:对英美法学的哲学传统即实证主义的批判;对英美法律运行机制的评论;有关权利、特别是公民权利的论证。其中权利论最为著名,因此,有的学者将他的理论称为"权利法学"②。也有的学者认为,在德沃金的法理学体系中,有四个主要的观点:第一,批判并超越法律实证主义;第二,坚持认为法律理论依赖于政治与道德理论;第三,把法律理论根植于一种解释理论;第四,将平等的政治价值作

---

① ［德］哈贝马斯:《在事实与规范之间》,童世骏译,生活·读书·新知三联书店2003年版,第250页。

② 参见张文显:《二十世纪西方法哲学思潮研究》,法律出版社2006年版,第59页.

为法律理论的核心部分。① 不管如何概括,德沃金的权利理论
和建构性解释理论都是不容忽视的,这也正是哈贝马斯在论述
司法的合理性问题时所关注的。

(一)自由裁量权问题

分析实证主义法学大师凯尔森、哈特等人认为法律是由规
则或规范构成的,法官作出判决的过程应该是一个将案件事实
严格对照法律规则,用三段论方法推出判决结果的过程。但规
则的数量总是有限的,如果出现了没有规则加以规定的案件事
实,即哈特所谓法律当中的"空缺结构",法官就只能自由心证、
自由裁量了。那么,法官的自由裁量是否应遵循一定的标准,
受到一定的限制呢? 分析法学派对此或语焉不详或认为不属
其研究范围。

与实证论者的观点不同,德沃金将法律定义为"整体性的
法律",认为法律不仅包括规则,而且包括规范性原则。这些道
德原则的效力虽然不依赖于法律,它们却不是在法律之外、对
法律进行评价的标准,而是构成法律整体的一部分。所谓原则
就是蕴涵在整个法制传统和法律体系(包括各种成文法和判
例)之中,指导规则的创立、适用的标准。德沃金认为原则高于
规则,当二者发生冲突时规则要服从原则的指导。

德沃金具体分析了自由裁量权这个概念,认为它包含三种
含义:一种弱的意义是指,由于某种理由,适用于裁决的标准不
能机械地适用于当前的案件,要求法官作出判断;第二种含义
是指,某一官员有权最后作出不能被其他任何官员加以审查或
推翻的裁决;第三种含义是指,就某一问题而言,法官根本不受
有关权威制定的标准的约束而作出自己的裁决。分析实证主
义强调,当有明确的既定规则时,就没有自由裁量权;只有在一
个案件并无规则可循或相应规则模糊不清时,才应由法官通过

---

① 参见王保军:《整体的阐释性构建》,载朱景文主编:《当代西方后现代法
学》,法律出版社 2002 年版,第 343 页。

自由裁量权来判决。因此,德沃金认为分析实证主义所谓的自由裁量是第一种含义上的,也可能是第三种意义上的。

在德沃金看来,如果我们把原则视为法律一部分来看待的话,我们就必须否认自由裁量权学说。因为一项法律义务不仅可以由一条规则设定,而且可以由一系列原则设定。这些原则是正义的体现,也是基本权利的体现。法律不仅要求法官应该作出某种裁决,而且规定他有责任或有义务确认和实施某些准则。要解释这种责任和义务的最终来源则属于道德哲学或法律哲学的问题,这也是一个令人生畏的问题。分析实证主义法律裁决理论认为义务以"承认规则"的存在为先决条件,因为这些承认规则保证这些法官接受这些原则。德沃金认为,分析实证主义法学这一说法是站不住脚的,因为法官相信他们有义务实施由立法机关制定的法律是基于政治原则,他们之所以接受这些政治原则,是因为这些原则本身是可取的。

这就是说,德沃金认为,当法官在运用规则进行裁决时,如果规则是明确的,当前的案件事实是清楚而且有可以适用的规则时,法官是不能运用其自由裁量权的。当没有规则可以运用或所适用的规则之间相互冲突时,法官就应该诉诸原则,因为原则比规则具有更广泛的适应性和可伸缩性。法官们的任务就是努力去发现原则,并将原则适用于当前的疑难案件,从而作出具有合理性的裁决来。

（二）整体性原则与建构性诠释原则

在德沃金看来,虽然法律原则并没有具体界定自身适用的条件,但它终究为法官设定了正确判决的义务。在疑难案件中,法官也是受法律约束的,法官并不能根据自己的价值判断任意地在不同的答案中选择其一。相反,他必须对自己的"选择"作出论证。这种论证要求法官把法律视为一个整体,法官通过对这个整体作出解释,以确定一条最适合当前案件的规则,该规则与法律中普遍存在的正义原则越接近越好。具体而言,对德沃金来说,这个普遍存在的正义原则就是"每个公民都得到平等的关怀与尊重"这一抽象的平等权利。所以，尽管德沃金的理论实质上也是一种诠释学，但它确立了一个诠释的规范性参照点，从而避免了上文提到的诠释学在正确性问题上的可疑之处。

由于原则是蕴藏、隐含、内在于一个社会共同体的历史文化传统、道德信念、政治制度和法制实践之中，这就要求法官把这些原则发掘出来，予以阐明。原则所具有的这一特性，要求法官必须坚持"整体性原则"。作为整体性的法律以解决当前的问题开始，追溯的是过去的法律原则和规范。法律的过去之所以重要，就在于已有的法律体系能为当前的判决提供正当的理由。在这里，法官既是对历史的批评家，又是创作家，法官对当前法律的阐释性结论既要承认历史传统中的一致性，又要具有建设性内容。

赫拉克勒斯

对德沃金来说，法律解释是相当重要的，因为法律本身就是一种阐释性的概念。要准确地适用法律于当前的案件，就应该对法律作一种"建构性解释"，这是一种不同于"文理解释"、

"论理解释"的解释方法。所谓"建构性诠释",就是指法官对作为整体的法律所作的解释,应当得出一个"最好的"结论。建构性解释的目的是要建构一套理论,一套能为现有的政治、法律制度和实践的整体,以及它过去和未来提供最佳说明、证成和依据的理论。这个理论有指导性的作用,可以用来为疑难案件找到正确的答案。从另一个角度看,当法院适用建构性解释的方法来判决一个案件时,它便是在尝试使这个判决与法制的整体及其历史发展取得最佳的协调,找到共通的理论解释的依据,从而使法制的内在整合性更为完美。建构性解释所尝试解释的是法院在案件中接触到各种社会活动、现象、做法和实践背后的合理性和道德依据,它追求的理想是法的整体性。这种法的整体性体现了公平原则、正义原则和程序性原则的恰当结合。

为达到这一目的,德沃金设计了一位具有超人智能的、耐心的而且承认整体性法律的法官——赫拉克勒斯(Hercules)①,作为他心目中的法官的化身。赫拉克勒斯是一位小心谨慎的法官,具有超凡的智能和耐心,高深的理论水平,并能够娴熟地运用先前的法律知识于手头的案件。他在解决所要判决的案件以前,对当前案件已存有一些"偏见",这种偏见来自于以往的学习和经验。在作出各种判断和决定时,他会毫不思索地运用这种法律偏见,面对当前案件,他能够掌握法律的原则,采用"建构性诠释"的方法追求法律的整体性,并做出唯一正确的答案。这种唯一正确的答案具有合理性和正当性,能够满足法规、判例的基本要求,也能满足当前的需要,是一种最佳的解释和适用。

---

① 宙斯与阿尔克墨涅之子。他神勇无比,完成了十二项英雄伟绩,被升为武仙座。此外他还参加了阿尔果斯远征帮助伊阿宋觅取金羊毛,解救了普罗米修斯等。有关他英勇无畏,敢于斗争的神话故事,历来都是文艺家们乐于表现的主题。在现代语中赫拉克勒斯一词已经成为了大力士的同义词。

三、法律商谈论的处理路径

(一)对德沃金司法裁决理论的批判

哈贝马斯高度评价了德沃金的司法裁决理论,他认为德沃金的法律理论可以看成是试图避免现实主义、实证主义和诠释学方法的局限性的一种努力。但在哈贝马斯看来,尽管德沃金的司法裁决理论在解决司法裁决的合理性和正当性方面作出了巨大的贡献,但至少还存在着以下几方面的问题。

首先,德沃金所要求的整体性原则存在问题。在哈贝马斯看来,德沃金的"整体性原则"表明了一个共同体的政治理念,在这样的共同体中,在法律之下而联合起来的人们彼此作为自由和平等的人而相互认可,整个法律体系也被视为是围绕着基本权利的完整体系。然而,这种政治理念本身或许表达了一个虚假的理想化,因为被德沃金视为"王牌"的基本权利是一种社会建构的产物,是不能把它们实体化为权利的,德沃金所理解的权利实际上是罗尔斯所谓的"无知之幕"的产物,随着无知之幕被揭开而进入现实生活中,他的理论局限性是显而易见的。

第二,虽然用以裁决的原则比哈特的规则具有更大的灵活性或伸缩性,但在同一个案件中,可能存在着两个或更多能够适用但却相冲突的情况。哈贝马斯认为美国批判法学(CLS)的积极拥护者对德沃金的批判就很有力:现有的法律一般超出了相互对立的原则和政策,结果,每一种合理的重构都注定是要失败的。德沃金对这一批评并不能作出有力的回应,而只是简单地认为批判者忽视了在特殊案件中相冲突的原则与彼此相矛盾的原则之间的关键差别。

第三,由于法官赫拉克勒斯缺乏交往而独自进行裁决,其裁决的合理性是值得怀疑的。在哈贝马斯看来,虽然德沃金看到了法官在司法判决过程中要有全局观念,但其所设定的英雄是不能完成这一任务的,因为仅有法官的"完整性"是不够的。哈贝马斯批判道:"由于赫拉克勒斯是一个孤胆之英雄,缺乏对话的层面的考量,因此其整体性最终仍将落入法官具有特权地位之认识。"①也就是说,这样的法官是一个唯我论者,他作出判决的过程是一个独白的过程,指望这样一个法官做出唯一正确的答案实在是空想,"在这样一种理论的设定上面,笼罩着高强度理想化的长长阴影。这种理论要求赫拉克勒斯作为它的作者;而这种具有讽刺意义的作者身份认定,恰好显露了这个理论所要满足的空想性要求。德沃金的建议因此引起了广泛争论……这些要求坚持了一种虚假的理想,把这样一种虚假的理想当做司法判决的标准。"②

　　哈贝马斯认为,由于缺乏主体间承认的标准,法官独白式地诠释法律仍然是一种偏见,德沃金最终会落入与现实主义法学相同的境地。法官是一个血肉之身,远远达不到赫拉克勒斯的理想,所以,要人们在日常工作中接受这个理想形象,实际上不过是要人们接受这样的事实:去接受那些事实上由利益状况、政治态度和意识形态偏见或其他外在因素所决定的法律判决。法官对原则和政策进行选择,并从中建构他们自己的法律理论,目的是对他们的判决加以"合理化",也就是说,掩盖他们用来补偿法律不确定性的偏见。③

(二)法律商谈论的处理路径

　　在哈贝马斯看来,从实在论、实证论、诠释学到德沃金,法律的确定性不只是在有无或程度上发生了变化,而且概念也发生了转变。无论是实在论对法律确定性的否定,还是实证论对法律确定性的肯定,其思考都是从"规则"开始的。由于规则采取"如果……那么……"这样一种结构规定了具体适用条件,实证论或实在论的法律确定性概念就意味着,在某种具体的情形

---

　　①　颜厥安:《法效力与法解释》,载《台大法学论丛》第27卷第1期,第53页。

　　②　[德]哈贝马斯:《在事实与规范之间》,童世骏译,生活·读书·新知三联出版社2003年版,第262、263页。

　　③　参见[德]哈贝马斯:《在事实与规范之间》,童世骏译,生活·读书·新知三联出版社2003年版,第263、264页。

发生之时，法院将会作出某种相应的法律评价。哈贝马斯将这一"结果的确定性"概念称为"古典的法律确定性概念"，其标准在于"分析真理性"。① 他把法律的适用过程看做是形式推理的过程。与这样一种法律确定性概念相对应，法律的不确定性被认为是来源于法律本身的结构，或者来源于法律体系本身是一个充满矛盾冲突的集合体。

到了德沃金这里，由于法律被看做是一个包含了规则、原则等因素的复杂体系，古典的确定性概念就不再适用了。这样的法律图景所要求的不是分析的真理性，而是"融贯性"。作为陈述之有效性的标准，融贯性与演绎逻辑的分析相比是一个较弱的标准，因为它是由实质性的理由构建起来的，其前提与结论之间不是形式上可以推断的蕴涵关系，而是由能够令人信服理由联结起来的。相应于这种"融贯性"的法律确定性概念，法律的不确定性则来源于诠释过程本身所具有的偶然性。首先，由于法官必须在当前案件下对法律的整体作出最佳的解释，而法官只是肉眼凡胎，他有可能出错，有可能无法提供这种最佳解释，所以诠释过程伴随着这种能力上的不确定性，这使人们怀疑赫拉克勒斯这个理想是否合理。其次，实在法是历史地产生的事物，可能很难对它加以合理的重构。那么如何解决诠释过程的不确定性与错误的可能性，从而确保司法判决的合理性呢？

哈贝马斯认为，司法裁判过程实质上是一个同时进行"内部论证"与"外部论证"的过程。所谓内部论证，是指法官的判决与他选用的规则之间的论证。所谓外部论证是指对所适用的规则本身的论证，也就是通过"融贯性"标准来确定一条应当予以适用的规则。哈贝马斯用"规范"一词将原则、规则都包括在内，所以，"外部论证"就是对规范适用条件的解释，它实质上

---

① 参见［德］哈贝马斯：《在事实与规范之间》，童世骏译，生活·读书·新知三联出版社 2003 年版，第 270、260 页。

是规范的运用。哈贝马斯分别以"论证性商谈"与"运用性商谈"来命名立法与司法当中的论证类型。但在德沃金的法律理论当中,赫拉克勒斯法官却是一个独白者,司法过程仿佛是在单个法官的脑海中完成的。哈贝马斯认为这给"融贯性"标准蒙上了可疑阴影,它似乎还是有被简单地理解为语义标准的危险。在哈贝马斯看来,规范不是自然现实,它是一种社会构造,关于规范的陈述无法通过符合某种自然事实这样一条标准来加以检验,所以"融贯性"标准必须通过商谈论来重新理解。因而,所谓的"正确性"就意味着由好的理由所支持的、合理的可接受性。"法律判断的正确性的衡量标准,说到底是判决过程对那些使公平判断成为可能的交往性论辩条件的满足程度。"①

从独白走向商谈,是哈贝马斯解决司法合理性的根本路径。但哈贝马斯这里所说的商谈主体不仅包括由法官所组成的专业共同体,而且还把争讼双方也包括进来。因为如果我们把商谈的主体仅限定为由法官所组成的专业共同体,虽然它确实把单个的视角转变成了复数的视角,但仍然局限于与公民相对立的领域。共同的程序原则与解释原则为司法过程提供辩护论证,但这些共同标准本身的有效性也需要加以证明。这样,就必须把争讼双方也纳入商谈的主体中来,因为他们是司法过程中的参与者,判决直接关系着当事人的利益,而且判决的合理可接受性问题也预定了争讼双方的特殊重要性。这样,法官、争讼双方就共同进入一个"合作地寻求真理的论辩过程"。确定性与正确性在此一体两面,由同一个寻找法律规范的过程来实现。总之,在哈贝马斯看来,德沃金意义上的唯一正确答案,只能通过司法过程中双方当事人之间、当事人与法官之间、陪审人员之间通过理想的程序进行论辩(商谈)来得到。

---

①　[德]哈贝马斯:《在事实与规范之间》,童世骏译,生活·读书·新知三联出版社 2003 年版,第 282 页。

第九章　哈贝马斯与其他学者的论战

> 归根结底,决定性的步骤是把法律客观化为一个自我导控系统。经过这样的描述,有关法和非法的交往被剥夺了社会性整合的意义。
>
> ——[德]尤尔根·哈贝马斯

> 就政治正义而言,不存在任何纯粹的程序,并且也没有任何程序能够决定其实质性内容,从而,我们永远依赖于我们关于正义的实质性判断。
>
> ——[美]约翰·罗尔斯

哈贝马斯是公认的当代人文和社会科学领域内最出色的雄辩家。他不但对先辈哲学家和社会学家如黑格尔、马克思、尼采、韦伯、海德格尔、阿多尔诺等提出了尖锐的批评,还不断向各种思想流派提出挑战,掀起了一场又一场的学术论争。值得重视的有:与波普尔(Karl Popper)、伽达默尔(Hans – Georg Gadamer)之间的方法论之争;与福柯(Michel Foucault)的现代性之争;与亨利希(Dieter Henrich)的形而上学之争;与诺尔特(Ernst Nolte)等的历史学之争;与卢曼(Niklas Luhmann)的社会理论之争;与罗尔斯(John Rawls)的规范民主之争;与斯洛特迪杰克(Peter Sloterdijk)的基因技术之争等。哈贝马斯是在同别的理论家的辩论中,一步步地发展自己的理论的。

一、与卢曼之争

尼克拉斯·卢曼(Niklas Luhmann,1927—1998)是德国当

代著名社会学家,其理论贡献主要是发展了社会系统理论,是继美国社会学家塔尔科特·帕森斯(Talcott Parsons,1902—1979)之后结构功能主义社会学的代表人物。卢曼希望建立起一种足够复杂的社会理论,从而使包括法律在内的一切社会系统都能够在他的理论框架之中加以分析研究。

卢曼

在卢曼看来,现代社会是一个充满复杂性和偶然性的社会。所谓"复杂性"是指"总是存在着比实际更多的可能性","偶然性"是指"随后的经验可能与所预期的完全不同"。[①] 他进一步研究了"偶然性"问题,认为它可以分为两种形式。一种是"简单的偶然性"。在这种情况下,人们对未来的预期不会或较少落空,很少让人感到失望,如"夜以继日"、"太阳明天会从东边升起"、"小孩会长大"等。另一种是"双重偶然性"。在这种情况下,人们对未来所作的期望相当复杂,这种期望还得依赖于其他的预期,即"预期的预期"。例如,"明天去市场买鱼"

---

① Niklas Luhmann: A Sociological Theory of Law, London: Routledge&Kegan paul, 1985, p. 25.

这样一种预期能否实现取决于很多不确定的因素,明天市场上是否有鱼依赖于卖鱼的人是否采购了鱼,而鱼能否采购来则又要依赖于养鱼场是否有鱼供应,而养鱼场的工作又受到饲料市场、季节等方面的限制,所以,在双重偶然性情况下,他人会和自己一样可以自由地作出决定,改变其行为。这样一来,人们对于未来的预期可能会落空。如果社会要想减少这种复杂性和不确定性,就必须通过"一般化"或"规范化"以减少预期的不确定性。例如,"市场每天 8:00 开门"。有了规则,人们就能从复杂性和偶然性中摆脱出来。在卢曼看来,"不管是借助于纯粹的心理策略还是社会规范,对预期的预期的确定性构成了一切交往的实质基础,与实现预期的确定性相比,这种确定性更具有意义。这一点对理解法律相当重要"①。

卢曼认为,人们对待预期的落空一般有两种不同的态度:适应改变或维持预期。如果人们在期望落空的情况下适应现实,预期就是认知性的;而如果有人违背预期了,而人们并不否定这种预期,这样的预期就是规范性的。卢曼进一步指出,预期的认知结构和规范结构的区别在于,在预期落空的情况下是"学习(learning)还是不学习(non-learning)"。在认知性预期落空的情况下,人们一般及时从落空的预期中进行认识,获得经验。因此,学习这一过程就很快运作起来。而在规范性预期落空的情况下,人们不会认为规范本身存在问题,而认为是规范存在例外情况,他仍然坚持原来的预期,且他的坚持和执著会得到证明。卢曼认为"一个人在失望的情形下是应该学习还是不应该学习,这个问题太重要了,以至于不可能留待个人决定。这种或那种选择必须加以制度化"。② 而这种制度化的关

① Niklas Luhmann: A Sociological Theory of Law, London: Routledge&Kegan paul, 1985, p.30.

② Niklas Luhmann: A Sociological Theory of Law, London: Routledge&Kegan paul, 1985, p.39.

键在于法律，"法律决不是强制性秩序，而是对预期的促进"①。

卢曼认为传统的自然法学派侧重于从法律之外的因素，如理性、道德、抽象的正义等说明法律的合法性，而分析法学派则是从"命令"、"实然"等内在角度来说明法律的合法性。这两者都割裂了法律与社会的联系。而社会学法学则将法律与社会紧密联系起来。在当今社会日趋复杂化的情况下，尤其需要法律来稳定人们的行为预期。法律的作用是设立一套准则使人们能够预见到自己行为的后果，从而有助于整个社会的稳定运行。

而在后现代社会当中，随着各社会子系统的分化越来越严重，法律系统脱离了像传统社会中那样与宗教、道德、正义观念的密切联系，它与货币系统、政权系统一样，已经成为一个独立的"自组织系统"，它具有自我编码、自我复制、维护自我稳定运行的倾向。法律系统内的各个组成要素之间通过法律自身特有的语言，即对外界来说不可理解的"法律代码"，诸如法律原则、规则、案例等来进行沟通，通过这种特殊模式的信息沟通来实现自我扩展、自我完善，整个系统具有自满自足的运行逻辑。他称这样的法律为"自我塑成的"法律。

这样一种自我塑成的法律像一台电脑一样，通过系统中的程序对输入进来的外界材料进行处理，从而输出结果。而这种程序是为了得到有约束力的判决而在短期或暂时形成的一种特定种类的社会系统。在程序中，参与者有特定的个人角色，如原告、被告、律师、证人、代理人、法官等。他们只根据程序系统的规则而自由行事。与法律无关的角色则被程序角色中立化了，它们要想进入程序，只能通过商谈的需要或相关的主题而被引进。至于法律的合法性也只能从实证法律所产生的结果中进行考察。

---

① Niklas Luhmann: A Sociological Theory of Law, London: Routledge&Kegan paul, 1985, p. 78.

　　卢曼认为,虽然法律系统对社会当中其他系统是保持封闭的,它的内部信息也不与外界交流,但是(卢曼借用生物学的反射论观点认为)法律对外部环境的刺激又会作出反应。当它感知到环境的变化时,其内部各要素就会重新调动、组织、交流,以使系统适应环境的变化,在新的环境中保持稳态,就像一个生物会在不同的环境中有不同的生理反应一样。而环境的变化也必须翻译成系统的内部语言才能被感知:"所有的调节都是自我调节。也许存在对立法的政治控制,但是只有法律能够改变法律,只有在法律系统的范围内,才能把法律规范的变化理解为法律的改变。"①

　　卢曼认为,法律系统与社会其他领域之间是因变量与自变量的关系,法律系统的变化并不来自一个更高的意志或价值体系。对于其他社会系统来说,法律也是它们的环境变量之一,其他系统之所以受到法律系统的影响,也是因为法律作为环境因素对其他系统加以限制、刺激而造成的,所以法律系统与其他社会系统本质上是在同一层次上并列的,彼此间起稳定作用,并且在不可能直接干预的情况下对相互间关系作自反性调适。卢曼反对法律系统有一个高于其他社会系统的规范性价值,从而使法律系统更有资格对其他社会系统来进行调节,甚至成为整个社会的控制枢纽这种说法。②

　　哈贝马斯与卢曼的争论是从 20 世纪 70 年代开始的。卢曼认为哈贝马斯希望基于话语伦理学来建立一种在各个系统间起枢纽作用的理性的法律制度的想法是不切实际的。哈贝马斯则批评卢曼的结构功能主义研究方法丧失了社会批判的维度,其完全实证化的研究范式切断了法律与理性的关联。在哈贝马斯看来,卢曼的系统法学方法论存在着三方面的问题。首

---

　　① [德]卢曼:《法律的自我复制及其限制》,韩旭译,李猛校,载《北大法律评论》第 2 卷第 2 辑,第 452 页。

　　② 参见[德]卢曼:《法律的自我复制及其限制》,韩旭译,李猛校,载《北大法律评论》第 2 卷第 2 辑,第 452 页。

先,卢曼的系统功能主义法学根本没有考虑法律的有效性这一维度的复杂性,而是简单地将它归结为对行为的反应,即不学习(nen-learning)。其次,卢曼将法律设想为一个"自我塑成的"系统,对规范作了一种经验的解读,这样一来,法律体系与道德和政治脱离了所有的内在关系;法律会被简单地等同于法律的运行。第三,卢曼进一步使法律边缘化了,法律不再调控整个社会,它成为了一种"自我导控系统"。法律既不能察觉也不能处理压在其身上的社会整合这一重任。法律已萎缩成一个封闭的系统,它不能对整个社会进行整合了。

哈贝马斯认为,法律不是一个对外封闭的自组织系统,实际上法律恰恰是把各个社会领域联结起来的中心:法律一方面是向下开放的,它扎根于生活世界的交往之中,并应该从人们的普遍商谈中获得其合法性来源;另一方面法律是向上开放的,肩负着由理性的商谈前提和程序所带来的合理化特征进入社会系统领域,并成为调节经济、权力等系统的事实性力量。所以法律是联结生活世界与系统世界的媒介,整个社会应围绕法律来实现理性的整合,法律不应该与其他系统处于并列的位置。卢曼等人的系统功能主义的主要错误在于,他们把法律客观化为一个自我调节的系统,法律和由法律所调节的社会系统与生活世界脱离了关系,从而失去了社会整合的意义。

二、与格林之争

关于欧洲立宪问题,或者说,关于欧洲在制定一部宪法的基础上实现国家化的问题,讨论由来已久。在上个世纪末期,哈贝马斯曾和德国联邦宪法法院大法官、著名公法学家迪特·格林(Dieter Grinn)教授就"欧洲是否需要一部宪法问题"展开过激烈的论争。

事情的发生是这样的:1995年11月,格林在《欧洲法学杂志》(*European Law Journal*)上发表了题为《欧洲是否需要一部宪法?》的文章,从宪法学的角度对欧盟的现状和未来进行了分

析和诊断。文章认为,在宪法学意义
上,欧盟是一个矛盾体。一方面,欧
盟是一个跨国组织,其基础是按照现
代国际法原则签署的有关条约,因
此,欧盟不是现代意义上的宪政国
家,这就意味着,欧盟既没有内部主
权,也没有外部主权。但另一方面,
欧盟现有的各种机构又在履行着一
定的立法职能和执法职能,不断制定
出一系列的法律,用来约束所有的成
员国。在这个意义上,欧盟又被赋予
了一定的主权。但欧盟的主权带有

格林

虚构的成分,它既缺乏法律和政治的基础,也缺乏社会和民意
的基础,由此导致人们对欧盟民主不足的指责。

格林通过以上分析,最后得出结论:"欧洲联邦论者"要求
建立一整套完备的民主制度的想法是错误的,因为制定欧洲法
律有损于民族国家的行为能力,严重的情况下,还会对民族国
家的主权构成危害。在格林看来,欧洲不需要一部宪法的原因
再简单不过了:欧盟"尚不具备形成欧洲范围内统一的公民意
志的现实前提"。

哈贝马斯基本上同意格林对于欧盟现状、特别是欧盟民主
匮乏的分析,但对格林的结论则持否定态度。[①] 他的看法主要
表现在以下两个方面:

首先,哈贝马斯认为,格林所提供的超越欧盟现状的可能
性并不充分。按照哈贝马斯的理解,格林属于"欧洲怀疑论者"
之列,和其相对的则是"欧洲联邦论者"。前者要求坚持民族国
家的框架,保持欧盟的"抽象性",使之永远作为一个补充民族

---

① 参见[德]哈贝马斯:《包容他者》,曹卫东译,上海人民出版社2002年版,
第181~187页。

国家不足的附设机构;后者则认为,欧盟决策能力与欧盟的合法性之间存在着张力,但这是民族国家所无法克服的。哈贝马斯虽然更倾向于"欧洲联邦论"立场,但他认为,"欧洲怀疑论"与"欧洲联邦论"的基本出发点是一致的,即都没有摆脱"地域主义"的局限,只不过前者坚持的是"国家主义",后者主张的是"联邦主义"。哈贝马斯认为,要想发现欧盟所面临的深刻危机,并寻找到一条行之有效的解救途径,就必须放弃"地域主义"的观念,而采取一种全球化的视角,即要充分考虑到民族国家的活动空间与世界范围内一体化的生产关系之间的紧张关系。

其次,哈贝马斯指出,格林没有从规范的角度充分证明民主意志形成所必需的功能前提。哈贝马斯这里所说的规范证明,实际上涉及的是对于欧洲集体认同的理解问题。在格林看来,一个经验的理由就足以证明欧洲根本不需要宪法,也根本不可能制定出什么宪法。这就是:迄今为止,还没有同一的欧洲民族。格林把民族认同与民主进程相联系,这种经验性的论证让哈贝马斯十分不满。在哈贝马斯看来,现代民主制度的基础不是建立在共同的语言、出身、血缘以及地域等基础上的种族认同,而是一种开放的交往关系以及由此而形成的政治文化。概括起来,就是一种"政治公共领域"。欧洲如果有了这样一种"政治公共领域",就可以建立起一种跨国的民族认同,其特点在于"民族多元性中的同一性"。

哈贝马斯的疑义没有得到格林的有力回应,他们之间的交锋也就不了了之。交锋虽然没有继续下去,但并不等于说"欧洲是否需要一部宪法"这个问题就解决了或消失了。相反,这次交锋的中断在某种意义上反而说明了这个问题的尖锐性、复杂性和敏感性。

三、与罗尔斯之争

约翰·罗尔斯(John Rawls,1921—2002),当代西方著名

的政治哲学家，新自然法学派的
主要代表之一。罗尔斯以提出一
种新的正义理论而闻名于世，其
成名作就是 1971 年出版的《正义
论》。这本书一出版即在西方学
术界引起轰动，大多数学者给予
这本著作以高度评价，但也有人
提出批评和质疑。这促使罗尔斯
对正义问题进一步思考，并不断
发展和完善自己的理论，相继于
1993 年出版了《政治自由主义》
（1996 年作了修订）、1999 年出版
了《万民法》、2000 年出版了《道

罗尔斯

德哲学史讲义》。为了弥补《正义论》的不足，也为了更准确地
表述自己的观点，2001 年他出版了《作为公平的正义——正义
新论》。

　　在罗尔斯的《政治自由主义》出版后，美国的《哲学杂志》第
92 期（1995 年 3 月号）同时刊登了哈贝马斯批评这本书的文章
和罗尔斯的回应文章，使我们有幸目睹了欧美两位著名学者的
一次对话。哈贝马斯文章的题目是《通过理性的公共使用达至
的调和：评 J. 罗尔斯的〈政治自由主义〉》，他开篇声明，他和罗
尔斯的争论是自由主义家族内部的争论，但不可否认的是，这
一内部的争论引起了全面而广泛的影响。

（一）关于原初状态设计的争论

　　罗尔斯认为，社会对正义的需要和产生正义原则的可能在
于以下几个前提：1. 这个社会的成员是自由和平等的、有理性
的、正式的和完全合作的；2. 他们愿意联合起来建立一个公平
的合作体系；3. 已有的社会是一个秩序良好的社会。那么，怎
样为这样一个社会寻找到真正的正义观念或正义原则呢？罗
尔斯借用社会契约论中的自然状态学说，提出在"原初状态"

（original position）下，并在"无知之幕"（veil of ingorance）的后面，让自由、有理性的人们来选择正义原则。所谓"无知之幕"就是假定他们知道有关社会结构的一般事实和人类心理的一般法则，但却不知道自己社会地位、阶级属性以及天赋才能等足以产生个人偏见的一切因素。"无知之幕"的设定，使人们不再由于自然机会或社会环境的这些偶然事件的影响而只选择于己有利的原则，或者由于这些偶然事件的影响而无法达成关于正义原则的协议。也就是说，在罗尔斯看来，人们只有在原始的平等中，即任何人无任何优势也对自己一无所知的平等中，人们才能使其活动排除自私的目的，取消谈判的筹码，通过签订社会契约寻找共同合作的正义原则。如果人们对自己的利益和地位没有充足的信息和自信心，是不可能真正地尊重别人和诚恳地寻找彼此能接受的合作原则的。不过罗尔斯也明确指出，历史上并不曾有过这样一种状态，原初状态只是一种假设和思想试验。

《作为公平的正义——正义新论》中文版封面

　　应该指出的是，在罗尔斯的后期研究中，他虽然仍坚持"原初状态"和"无知之幕"这种观念和假设，但已更多地从虚拟回到现实。在《政治自由主义》一书中，他探讨了在社会成员的思想价值观念存在异质的多元民主社会，如何保持统一和稳定的问题。他认为，在每个社会成员享有充分而平等的自由的国家中，其法律特别是宪法，是以该国家的人民的"公共理性"为基础的，是在充分协商的过程中达成的"共识"和确立的原则，即由重叠性的"公共理性"所作出的决定。

　　对于罗尔斯的原初状态假设，哈贝马斯有不同的看法。首先，哈贝马斯认为原初状态设计的各个方面不能保证人们会选择"公平的正义"，因为只有具有完全自律的公民才能选出正确的正义原则。在哈贝马斯看来，现实的公民具有两种基本能力，即在特定情境下判定和作出行为决断的能力，但在罗尔斯的无知之幕下，公民的判定和决断的能力被客观的、中立的立场取代了，这时人们不知道自己的社会地位，也没有自己特定的利害关心，他们已经与自己所从属的特定的社会情境分离开来了，处于这种状态下的人是不可能有任何自律可言的，这就与罗尔斯"公民是自律的"的预设相冲突。而一种合理的选择，如果不是建立在自律上，如果不对当事人的能力提出相应的要求，这样的选择就不可能是合理的或正义的。尽管罗尔斯在《政治自由主义》中对原初状态的设计作了修正，偏重于对自律性的强调，但在哈贝马斯看来，"原初状态"中的各方还是缺乏一种"认知资质"，即他们作出合理决定的能力不足以理解他们所代表的当事人的较高层次的利益。① 罗尔斯后来对原初状态设计的修正似乎离其原初模式越来越远，从而也就失去了意义。

　　其次，哈贝马斯批评罗尔斯"原初状态"的设计导致了自由

　　① 　参见［德］哈贝马斯：《包容他者》，曹卫东译，上海人民出版社2002版，第81页。

权利的优先性,使民主程序降到了次要地位,没有达到使古代自由和现代自由相和谐的目标。因为原初状态的设置是为了推导出政治自由主义的正义观念,而政治自由主义正义观念的核心是自由的权利,所以在罗尔斯那里,自由权利具有优先性。而对于哈贝马斯来说,民主程序才具有优先性,他坚持认为只有坚持程序正义的优先性,才有结果的正义。

对于哈贝马斯的上述批评,罗尔斯在《答 J. 哈贝马斯》一文中首先提出,哈贝马斯的理论与他的理论有两个主要差异。一个差异是哈贝马斯的思想体系是完备性的,而他自己的正义论只是一种隶属于政治范畴的学说。哈贝马斯的完备性学说囊括了许多远远超出政治哲学之外的东西;他自己的正义论则只在政治的范畴内运作,任凭哲学自然发展,它不触及任何形式的学说。另一个差异是哈贝马斯的"理想商谈情境"与他自己的"原初状态"有着不同的目的、作用和特征。罗尔斯坚持认为还是原初状态的论证方式更好,并且在原初状态中要选出正义的原则和制定出公正的宪法,就必须把有关代表人自己的特殊信息屏蔽掉。①

罗尔斯认为哈贝马斯误解了他的理论,他认为在他的理论中,公民有着充分的政治自律并且能够在现实中实现这种自律。因为任何实际的社会都存在着不同的、变化的不正义,甚至是严重的不正义,而任何理论都不可能事先预测到所有这些问题和变化,所以公民们就必须讨论政治原则和社会政策是否合理、正义,是否需要修正以及如何修正等问题,这就是一种自律,就是在市民生活中重新实现了民主。罗尔斯认为,即使公民们已经生活在一部合乎理性的公正宪法之下,他们也会按照不断变化的社会环境要求来调整和修正这一宪法和从属于它的法律,这样,公民们就获得了充分的自律。在罗尔斯看来,现

① 参见[美]约翰·罗尔斯:《政治自由主义》,万俊人译,译林出版社 2000版,第 400~408 页。

代人的自由并不具有优先性,也不会像哈贝马斯所批评的那样会给公民的公共意志施加种种限制,公平正义既可以确保古代人的自由,也可以确保现代人的自由,并达到二者的平衡。罗尔斯还批评哈贝马斯的"理想的对话程序"过于宽泛,很难从中推导出什么明确的结论。

(二)关于程序正义和实质正义的争论

哈贝马斯尖锐地批评罗尔斯的正义表面上是程序的,而实际上是实质的。所谓"程序的正义"是指,正义是程序的结果,只要程序本身是正义的,那么它所达成的任何结果都是正义的,即"什么是正义的?"不是先定的,而是通过公民之间的对话交流协商之后所达成的共识决定的,或者是由多数决定的民主原则决定的。而"实质的正义"则意味着对某些价值(自由、平等或权利等)的承诺,这些价值是普遍的、先在的和确定不移的,任何政治制度和法律制度都是这些价值的体现和保证。哈贝马斯认为,正义首先是程序的正义,真正的正义应该是程序的,而不应该是实质的,主张将实质性结论留给参与者自己通过论辩去得出,这意味着"他不肯对任何价值(即使是自由、平等和权利)作出预先的承诺。任何正义,或代表正义的任何价值,都是合法程序的产物"。① 由此我们也可以理解,哈贝马斯的"生活世界"与罗尔斯的假设的"原初状态"有什么不同。前者仅仅是一个理想状态,是商谈进行的理想环境而非商谈得出的实质性结果;而后者本身就规定了种种实质性的限制,把人们限制在一个狭小的重叠共识之中,用这种方法来确定实质性正义原则。

在这里,哈贝马斯的批评是正确的,因为罗尔斯在设立正义程序之前,实际上就已经对"自由"和"平等"这两种价值具有了坚定的承诺,而程序只不过是把这两种价值推演出来并加以制度化而已。换句话说,在罗尔斯那里,只有结果是体现"自

---

① 姚大志:《何谓正义:罗尔斯与哈贝马斯》,载《浙江学刊》2001 年第 4 期。

由"和"平等"的原则才是正义的,而不是通过正义的程序推导出来的任何原则都是正义的。这样,正义就不是正义程序的结果,相反,程序变成了为达到某种预定结果而选择的设计。在这种意义上,罗尔斯的正义不是程序的,而是实质的,尽管他自己一再强调他的正义是一种纯粹的程序正义。

　　针对哈贝马斯的此种批评,罗尔斯的回答是:首先,程序正义同实质正义不是相互冲突的概念,它们是相互关联的;其次,程序正义依赖于实质正义,因为任何一种自由主义都必须是实质性的,而只有成为实质性的才是正确的;最后,没有纯粹的程序正义,就政治正义而言,不存在任何纯粹的程序,并且也没有任何程序能够决定其实质性的内容,从而我们永远依赖于我们关于正义的实质性判断。罗尔斯还反驳哈贝马斯,说哈贝马斯的正义观念也不是纯程序的,而是实质性的,只不过是实质性的因素不同。

　　除上述两方面争论之外,哈贝马斯还对罗尔斯所提出的"重叠共识"①与"反思平衡"方法进行了批判。

---

　　①　也有人翻译为"交叉共识"。

第十章　对一系列事件和现象的评述

用杀人去制止杀人,用暴力去反对暴力显然是应该受到批判的,也是行不通的。米洛舍维奇和南斯拉夫政权用暴力处理民族冲突,从而使许多无辜平民遭到杀害,引发了难民潮,必须受到谴责。但北约以更加猛烈的军事手段去打击米洛舍维奇政权,造成更大的灾难,同样应当受到谴责。

——[德]尤尔根·哈贝马斯

在民主法治制度下,公民相互之间如果要想承认自主性,就必须享有同等的私人自主和公共自主。如果一个制造者成为了其他人的基因的主人,那么,这种基本的相互性也就不复存在了。

——[德]尤尔根·哈贝马斯

在大多数人看来,哈贝马斯是一位学院派思想家,其实,哈贝马斯十分看重其理论的实践性。从 1968 年积极投身于"学生运动"开始,哈贝马斯在德国政治实践领域一直都发挥着巨大的影响作用。比如,在 1998 年德国大选中,哈贝马斯在关键时刻曾为社会民主党大造舆论,提供理论支持。此外,自 20 世纪 80 年代起,哈贝马斯就率领自己的弟子,与以黑森州环境部长菲舍尔为代表的一批政治家组成政治俱乐部,定期举行政治沙龙,从政治哲学的高度讨论重大内政与外交问题,为菲舍尔的外交政策奠定了学理基础。作为一名公共知识分子,哈贝马斯对 20 世纪 90 年代以来所发生的重大社会事件,几乎都发出了自己的声音。①

一、苏东剧变与两德统一

苏东剧变以后,哈贝马斯本来希望苏联和东欧能走另外一种社会主义道路,即民主社会主义道路,但这些国家却都相继演变为资本主义国家。他认为,这是这些国家人民群众的自主选择,应当尊重。然而,这决不意味着走资本主义道路对人民群众有什么好处。表面上看,人民群众通过这场"矫正的革命"得到了在"极权统治"下不可能得到的、只有通过市场经济和民主政治才能享有的自主权,然而,在基本的生活条件都无法保证的情况下,"自主权"只能是一块画饼,而不能发挥任何积极作用。资本主义并非万能灵药。自由主义者声称苏东剧变标志着资本主义的完全胜利,事实却是,外部的敌人消失以后,原来为冷战所掩盖着的矛盾完全表现出来,从而把资本主义丑陋的一面暴露无遗。90年代后半期社会党之所以在世界范围内回潮,正表现出人们对现状的不满。何况当今的资本主义并不只是西欧和北美,即不都是发达国家。许多实行资本主义制度的国家仍然陷于贫困之中。

哈贝马斯认为,所有这些情况都表明,资本主义存在诸多困难,必须寻找一条摆脱这些困难的道路。在他看来,只有社会主义才能帮助资本主义摆脱困境。因此,目前哲学家的主要任务在于阐发走向这种交往共同体的途径。他的看法是,要建立这种交往共同体,唯一的途径只有通过理性的对话。

以两德统一为例。在哈贝马斯看来,本来两德统一不仅是东德的机会,而且是西德的机会,即走向一个更加美好的社会的机会。但由于缺乏对话机制,两德统一变成了西德吞并东德。那么,什么人从这种形式的统一中得到了好处?哈贝马斯

---

① 如苏东剧变、海湾战争、科索沃战争、9·11事件、伊拉克战争、恐怖主义、女权运动、克隆人现象等。本书第十章探讨了哈贝马斯对这些问题的看法和观点。

评价说，首先是那些大公司，它们利用东德廉价的劳动力和广阔的产品市场扩展了生产能力，获得了巨额利润；其次是一些投机者，他们利用社会转型期的混乱大捞一把；再次是旧体制下的强势群体，他们在旧体制下占据有利地位，在新的历史条件下也没有丧失原来的优势，而是利用较高的起点夺取更多的资源。与之相反，普通群众却是两德统一过程中的受苦者。他们有的年龄太老，有的缺乏训练，无论在认知能力方面还是在精神状态方面，他们都难以承受新体制的巨大压力。因此，社会分化更加严重：一方面富者更富，另一方面穷者不仅更穷，而且越来越多的穷人被从体制内排挤到体制外，进入社会底层。这些人找不到表达相反意见的途径，无法通过自己努力改善自己的处境。

哈贝马斯认为，"统一"就字面意思来说，双方应当是对等的。如果存在一个对话机制，双方就能够通过商谈重塑宪法体制，创造一个既不同于东德、又不同于西德，同时在社会制度上既高于东德、又高于西德的崭新的国家。事实上却是西德把原有的体制推广到了东德，因而联邦德国并没有发生根本的变化，只是在规模上向东德扩展了而已。不仅如此，两德的统一甚至被新保守

勒兰登堡门成为德国重新统一的象征

主义者当做把过去德国的法西斯传统正当化的有利时机。如果让他们得逞，那么德国甚至不是在原地踏步，而是倒退到战前的水平。哈贝马斯不仅尖锐地抨击了为德意志帝国召魂的企图，而且对现有的远远高出于德国传统的民主体制尚嫌不满，要求通过对话建立一种程序，确

保真正的民主,也就是他所说的激进的民主制度的建立。

　　东德的情况还算是好的,因为统一后的德国毕竟维持了一定的经济增长。与之相比,苏联和东欧其他国家的情况更加糟糕。表面上看,这些国家的人民群众通过这场"矫正的革命"得到了在"极权统治"下不可能得到的、只有通过市场经济和民主政治才能享有的自主权,然而,在基本的生活条件都无法保证的情况下,"自主权"只能是一块画饼,而不能发挥任何积极作用。自由主义者声称苏东剧变标志着资本主义的完全胜利,事实却是,外部敌人消失后,原来为冷战所掩盖着的矛盾完全表现出来,从而使资本主义丑陋的一面暴露无遗。

二、北约空袭南斯拉夫

　　1997 年 5 月,以美国为首的北约对南斯拉夫进行空袭(又称科索沃战争)。对这场空袭,西方舆论表现出惊人的一致。有一半以上的人认为,南斯拉夫出现了大规模的侵犯人权的状况,不用武力就无法制止。另有一部分人感到困惑:他们内心不认同北约对南斯拉夫的野蛮轰炸,但又对西方媒体报道的南斯拉夫政府"有组织地侵犯人权"的做法感到愤慨,想不出什么比空袭更好的制止办法。

中国驻南使馆被炸现场

作为一位具有世界影响力的思想家，哈贝马斯却对科索沃战争持肯定态度，而且在报纸上公开发表自己的立场，在战争期间以及战争之后，都产生了相当大的反响。一时间，"哈贝马斯与战争"成了热门话题。

哈贝马斯在1999年4月29日第18期的德国《时代周刊》上发表了题为"兽性与人性——处于法律与道德临界点上的战争"一文，①文章开宗明义，一上来就直言不讳地声明自己对这场战争的支持立场。他先是对科索沃战争从概念上进行界定，认为不能简单地把这场战争和历史上任何一次战争相提并论。原因在于，北约轰炸南联盟，既不是政治和经济意义上的"侵略行为"，也不是地缘政治和文化意义上的"防卫行为"，而是人权意义的"保护行为"。战争的目的是"保护"——保护阿族人的人权；战争的手段也是"保护"——高空打击在相当大的程度上就是为了保护塞尔维亚人。按照哈贝马斯的理解，科索沃战争的所谓"保护"性质，也就决定了它具有相当程度的"合法性"和"正当性"，尽管不排除战争期间所带来平民伤亡和民用设施的破坏，但在哈贝马斯看来，这些只不过是技术尚不完善的结果，而不是人为的后果，起码不是蓄意造成的。

哈贝马斯指出，科索沃战争对于西方国家具有重要意义，对于作为西方社会一员的德国则更加具有特殊意义。联邦德国国防军的正式参战，具有某种象征意义，它标志着"德国人从两次世界大战的阴影中摆脱了出来"，意味着德国的民族认同和民族意识以及西方趋向意识的进一步成熟。

我们知道，德国参战最初并非一帆风顺，在国内国外都受到了相当大的质疑和拷问。按照哈贝马斯的说法，德国人参战，不是作为单纯的"德国公民"去干预南联盟的内政，而是作为"世界公民"去帮助同样作为"世界公民"的科索沃阿族人，以及作为世界公民但却"处于独裁统治之下的塞尔维亚人"。

---

① 中译文见《读书》1999年第9期。

于是一个问题出现了,那就是究竟应怎样理解"主权"和"人权"的关系?哈贝马斯认为,这是一个全球化的时代,不但经济问题要放在全球化的角度来思考,政治问题(特别是国际政治问题)、法律问题、文化问题等等都要纳入到全球化的思维框架中。

哈贝马斯一方面充分肯定民族国家作为现代政治的主体,曾经为现代性的发展作出的巨大贡献,同时又认为,随着世界经济的发展,特别是资本主义生产方式在全球范围内的推广和扎根,民族国家已经和现实秩序之间显得有些格格不入,在某些方面甚至对现代性构成了障碍。因此,民族国家向"跨民族国家"转变,以民族国家为基础的国际政治和经济秩序向以"跨民族国家"为基础的国际政治和经济新秩序转换,就成为当务之急。与此相适应,人权的保护也就必须从全球的角度着眼,也就是说,人权问题已经远远不是"主权国家内部的事务",而是国际社会的共同事业。

基于以上理论,哈贝马斯认为,北约的军事打击也好,经济制裁也好,都不是古典意义上对一国内政的干涉,而是一次"正义行为"。从古典意义上说,北约的行动的确是对一个主权国家内部事务的干涉,是对互不干涉内政原则的破坏,但在现代人权政治的前提下,这种军事干涉应当可以说是一次庄严的使命,因为它得到了民族共同体的授权(尽管没有得到联合国的同意)。因此,科索沃战争可以说是古典的国家主权向世界公民社会普世权利的一次飞跃。①

哈贝马斯在这里所说的"民族共同体"是指欧盟,那么,对于北约行动没有得到联合国的授权这一点,他又是如何解释的呢?在哈贝马斯看来,现实中的联合国已经无法承担跨民族国家的使命,联合国应由一个国际组织向西方宪政意义上的国家

---

① 参见[德]哈贝马斯:《兽性与人性——一场法律与道德边界上的战争》,载《读书》1999 年第 9 期。

转变。要让联合国实现"实体化"和"国家化"并非是一朝一夕的事,而是有漫长的路要走。在这种情况下,北约应当而且已经承担起"自己的使命"。

在为北约和欧盟超越甚至取代联合国进行解释的同时,哈贝马斯还主张国际政治应从道德范围进入法律范围。通常情况下,国际政治间的事件以道德评判为基础。对于民族国家内部的违宪现象、人权问题以及民族问题等,国际社会所能发挥的作用也仅限于道德监督和道德指责。哈贝马斯认为,仅仅停留在道德监督和指责层面是远远不够的,必须把国家关系法律化,也就是说,"国际社会在有权指责的同时,也应当有权干涉"①。

哈贝马斯虽然赞同对南斯拉夫采取军事行动,但他并不赞同美国的强权政治。按照对话理论,任何一方的观点都不能凌驾于其他观点之上,尤其不能把平等对话之外的因素带入对话。具体到人权问题上,哈贝马斯反对美国在强权政治的前提下,在全球范围内推行人权。他赞同维护人权,但反对帝国主义。哈贝马斯设想了另外一种情况:"假如有一天,另外一个地区——比方说亚洲——的军事联盟使用武力推行人权政治,而这又建立在他们对国际法和联合国宪章与我们迥然不同的解释,那么,我们又该怎么说?"②既然北约可以不顾联合国其他成员国的意愿,按照自己的意思去解释国际法和联合国宪章,别的军事联盟为什么不能这么做? 北约断定南斯拉夫政府侵犯人权,但南斯拉夫人并不这样看,"从南斯拉夫民众到反对党,越来越多的人支持米洛舍维奇的强硬路线"。假如有朝一日别的国家、别的军事联盟按照他们的标准,判定北约国家侵犯人

---

①　[德]哈贝马斯:《兽性与人性——一场法律与道德边界上的战争》,载《读书》1999 年第 9 期。

②　Jürgen habermas: "bestialität und humanität: ein krieg an der grenze zwischen recht und moral", in die zeit, no. 18, 1999

权,他们是否可以运用武力推行他们自己所理解的人权政治?①
通过以上这些论述,我们可以看到哈贝马斯反对强权政治的立
场,这与他的对话理论是一致的。哈贝马斯明确提出,北约的
自我授权不应成为惯例。

三、9·11 事件与伊拉克战争

当记者问哈贝马斯如何评价美国"9·11 事件"时,哈贝马
斯说,纽约世贸大厦遭到攻击时,他正在美国作系列演讲。他
的许多同事亲眼目睹惨剧发生的整个过程。震惊之余,夜不能
寐。哈贝马斯高度评价了美国国民的反应,他说纽约街头除了
人们高举着爱国主义旗帜之外,没有什么仇恨的反应或报复的
冲动。他指出,恐怖主义和原教旨主义并不是什么新鲜的玩意
儿,真正新鲜的是灭绝人性的意志和效果达到了无以复加的程
度。哈贝马斯认为,恐怖主义在全球已经建立起严密的组织和
网络,消灭恐怖主义的确是十分困难的事情。他极力呼吁西方
世界应当尽快和伊斯兰国家展开对话,而且必须寻找到一条行
之有效的对话方式。为此,西方世界首先应当拿出一些诚意
来,和伊斯兰世界保持沟通,让伊斯兰世界充分意识到西方的
生活方式和政治观念,一句话,西方文明并没有把他们敌对化
和妖魔化。

对于美国发动的伊拉克战争,哈贝马斯自然也不会甘于保
持沉默,但和科索沃战争不同,他没有在战争伊始就急于表态,
而是直到战争有了初步结果之后才发表自己的观点。2003 年
4 月 27 日,哈贝马斯在《法兰克福汇报》发表了题为《雕像倒塌
意味着什么?》的文章,对美国发动伊拉克战争特别是美国的国
际战略提出了全面的批判。

---

① ［德］哈贝马斯:《兽性与人性———一场法律与道德边界上的战争》,载《读
书》1999 年第 9 期。

"9·11"事件

在文章中,哈贝马斯指出,美国推动的是一种单边的霸权主义,不但破坏了世界现有秩序,也直接威胁到世界未来格局。面对美国的单边主义霸权和所发动的这场威胁世界秩序的革命,欧洲不能熟视无睹。他提醒人们注意,目前欧洲在面对美国霸权时存在两种不良倾向:实用主义和机会主义。就伊拉克战争而言,哈贝马斯认为,随着萨达姆塑像的轰然倒地,美国的规范权威也宣告土崩瓦解。最后,哈贝马斯呼吁欧洲必须对美国的规范权威性提出质疑。他认为美国(包括始终站在美国一边的英国)所奉行的政治哲学依然没有摆脱自由民族主义传统,欧洲大陆应拿出其优良传统"世界大同主义"对此加以抗衡。

四、克隆人

对于目前是否应当克隆人的争论，哈贝马斯持否定态度，反对的理由来自于他一贯坚持的人权立场。

2004 年 5 月 5 日，意大利医生塞韦里诺·安蒂诺里在罗马宣布，目前已经有 3 名克隆婴儿出生，但他以法律和其他原因为由拒绝提供任何证据或细节，如出生时间、地点和怀孕母亲等。

哈贝马斯认为，克隆出来的人的遗传基因不像一般人那样，是自然选择的结果，而是他人操纵的结果，是他人决定了他的遗传基因。在哈贝马斯看来，没有人可以随意支配其他人，并严格控制别人的行为，致使处于依附地位的人失去了主要的自由。如果一个人决定了另一个人的遗传密码，那么，这个条件就遭到了破坏。克隆人在其自我理解过程中也会把自己当做一个具体的人，可是，在这个人的躯体和个性背后，隐藏着的却是另外一个陌生的意图。哈贝马斯说，这样就把故意克隆出来的人与单卵的双胞胎区分了开来。问题并不在于细胞分裂过程中的相似，而是在于僭越和奴役。因为，依靠这种技术，也就有了一种决断的力量，这种决断的力量可以与历史上的奴隶制相提并论。奴隶制是一种权利关系，它意味着一个人可以把另外一个人当做自己的私有财产而加以支配,因此,奴隶制和今天所说的人权和人的尊严等宪法概念是格格不入的。作为克隆人,他和奴隶没有什么差别,原因在于,他会把本来应当由他自己承担的责任转让给别人。也就是说,对于克隆人而言,在他出生之前,其他的人就决定了他最终的编码,而且不容更改。[①]

在哈贝马斯看来,奴隶主由于限制了其他人的自由因而也剥夺了自己的自由,同样的道理,克隆人制造者由于操纵了别人的基因,使他人处于不自由的状态,因而他自己也失去了自由。他说:"在民主法治制度下,公民相互之间如果要想承认自主性,就必须享有同等的私人自主和公共自主。如果一个制造者成为了其他人的基因的主人,那么,这种基本的相互性也就不复存在了。"[②]

哈贝马斯说,尽管我们所有人都肯定要受到遗传密码的左右,但从行为者自身的视角来看,我们如何对待这些因素,或者说如何对待我们天生的特性,还得由我们自己来做主,但对于一个克隆人来说,这些"特性"都不再是偶然得到的了。他把本来只能由他自己完成的"事件"交由别人来完成。这样一种转换会深深地影响对道德的理解,因为它消除了两个平等公民之间的平等相关性。

对于那些允许复制自己遗传密码的人来说,哈贝马斯批评他们是"伤风败俗"。他说,"不管多么自恋,谁能说他自己十分完美,因而才想复制出一个同他在天资和个性上没有什么两样的人"?[③]

---

①　[德]尤尔根·哈贝马斯:《后民族结构》,曹卫东译,上海人民出版社2002年版,第218页。

②　[德]尤尔根·哈贝马斯:《后民族结构》,曹卫东译,上海人民出版社2002年版,第218~219页。

③　[德]尤尔根·哈贝马斯:《后民族结构》,曹卫东译,上海人民出版社2002年版,第219页。

　　哈贝马斯还把克隆人问题上升到法律高度。他说："如果我们想从法学的角度展开讨论，那么，我们实际上已经涉及了宪法问题，即（如果我的分析是正确的）是否应当允许一种拥有特殊决定权的制造方法，因为有了这种决定权，一切法人相互平等的规范前提就会遭到破坏。"①哈贝马斯甚至主张，一旦一个人的基因被他人改变了，如果产生了恶劣的后果，基因被改变者可以追究改变他们基因的人的法律责任。

---

　　① ［德］尤尔根·哈贝马斯:《后民族结构》，曹卫东译，上海人民出版社 2002年版，第 227 页。

第十一章　哈贝马斯的中国之行

　　我认为,不管在德国,还是在中国,如何解释人权都是可以讨论的。我说中国强调集体,西方关注个体,是相对而言的,我们不能把集体主义和个人主义截然对立起来。

——[德]尤尔根·哈贝马斯

　　这次面谈之后,我强烈感觉到,他(哈贝马斯)对中国有极大的兴趣和关怀。他这次到中国来,并不只是想宣讲自己的思想,而且想与中国同行对话,通过交谈了解中国人当下的生存处境,推断中国的未来。

——徐友渔

一、到来

　　最早邀请哈贝马斯访华是在 1980 年。这一年,中国社会科学院和北京大学的一个学术代表团应邀访问德国,重点访问了法兰克福大学社会研究所,并专程前往慕尼黑,拜访了时任马普学会生活世界研究所所长的哈贝马斯,并正式向哈贝马斯发出访华的邀请。据哈贝马斯本人和他的弟子杜比尔(Helmut Dubiel)教授回忆,中国的这个代表团给他们留下很深的印象。

　　令人遗憾的是,这次邀请一直停留在书面上。哈贝马斯第一次与汉语世界直接接触是在十五年之后。1996 年 6 月,哈贝马斯应邀访问香港。然而,由于诸多原因,哈贝马斯的香港之行并没有留下专门的演讲材料,在学术界也没有引起太大的反响,除了《明报》杂志曾专文记述外,似乎没有再见到其他的相关报道。哈贝马斯与汉语世界的首次接触显然不够理想。

在此之后,曾有许多中国学者代表不同的学术机构,以不同的方式,不断地向哈贝马斯发出邀请。大概是盛情难却吧,哈贝马斯终于决定 1999 年 4 月正式访问中国。然而,好事多磨,哈贝马斯的访问因故被迫推迟。当时声明的理由是生病,但有别的解释。比如,中国国内有人认为这与他支持科索沃战争有关,而德国国内则有人推测,哈贝马斯对中国信心不足。

2001 年,哈贝马斯终于踏上了中国的大地。在哈贝马斯到来前夕,北京有媒体大造舆论,把他的此次中国之行与上个世纪罗素、杜威、萨特的到访相提并论,认为必将大大推动中国学术思想的发展。媒体的这些说法虽有造势之嫌,但哈贝马斯后来演讲所引起的轰动,绝非虚传。

二、演讲

哈贝马斯在华共作了七场演讲。演讲地点分别是中国社会科学院、清华大学、北京大学、中国人民大学、中央党校、复旦大学、华东师范大学。演讲的题目大都是哈贝马斯从近年来出版的相关著作中精心挑选出来的,有“论人权的文化间性”、“论实践理性的语用学意义、伦理学意义以及道德意义”、“民主的三种规范模式”、“全球化压力下的欧洲民族国家”以及“再论理论与实践的关系”。

首场演讲在中国社会科学院学术报告厅举行,题目是“论人权的文化间性——假想的问题与现实的问题”,翻译是曹卫东。在哈贝马斯看来,“人权思想主要不是源于西方文明这样一个特殊的文化背景,而是源于这样一种尝试:对已经在全球范围内展开的社会现代化所提出的一系列特殊挑战作出响应”。哈贝马斯对所谓的“亚洲价值”以及原教旨主义进行了批判,认为前者肢解了现代化的总体性,把个体主义的法律制度与社会经济现代化隔离了开来;后者则导致了共同体缺乏包容性。最后，哈贝马斯认为，东西方之间关于人权的争论是一个很好的契机，通过这种争论，可以揭示出人权概念隐藏着的规范内涵，也就是说有助于我们寻找到人权概念的普遍性所在。

中国社会科学院 800 人学术报告厅

第二场演讲在清华大学进行，题目是"论实践理性的语用学意义、伦理学意义以及道德意义"，翻译是甘绍平。哈贝马斯认为，实践哲学主要有三个来源，即亚里士多德的伦理学、功利主义以及康德的道德理论。黑格尔用他的"客观精神理论"以及"扬弃"学说，对这三个来源进行了综合。到了当代，在黑格尔的基础上，又形成了两种不同的学说。一是社群主义伦理学，它坚持了亚里士多德善的伦理学，放弃了理性法的普遍主义；另一个就是他的话语伦理学，它从黑格尔的"承认学说"出发，从主体间的角度重新解释了绝对命令。在哈贝马斯看来，话语伦理学应当同时研究道德问题、伦理问题以及语用学问题，只有这样，才能避免落入历史主义的误区，即避免用伦理消解道德。

第三场演讲和第四场演讲分别在北京大学和中国人民大学进行，题目是"民主的三种规范模式"，翻译是靳希平。在这场演讲中,哈贝马斯根据公民概念、道德概念以及政治意志的形成过程,对作为理想型的自由主义政治观和共和主义政治观进行了分析和批判,并提出了一种同样作为理想型的程序主义政治概念。在哈贝马斯看来,自由主义和共和主义的出发点是一致的,即都是以整体与部分关系为基础的国家和社会概念。其哲学基础归根到底还是主体性概念。相反,在话语民主当中,主体性哲学失去了意义,取而代之的是主体间性概念。哈贝马斯所谓的话语政治是一种非中心化的政治模式,它的运作核心不再是经济系统,而是生活世界。

第五场演讲和第六场演讲分别在中央党校和复旦大学举行,题目是"全球化压力下的欧洲民族国家",翻译者分别是张慎和张庆熊。该演讲讨论的重点不再是理论问题,而是实际问题。具体就是:在全球化压力下,欧洲民族国家出现了控制能力下降、决策合法性匮乏、调控和组织不力等严重问题。为了克服这些问题,迎接全球化的挑战,欧洲各派政治力量提出了四种不同的政策:新自由主义的全盘肯定政策;欧洲怀疑主义者的全盘否定政

哈贝马斯论述民族问题的专著
《后民族结构》中文版封面

策;以德国社会民主党和英国工党为代表的左派政党所采取的所谓"第三条道路";以哈贝马斯本人为首的左派知识分子所主张的"世界大同主义"。在分析了这四种政治对策之后,哈贝马斯着重讨论欧盟的现状和未来。他认为,欧盟虽然已经建立起了紧密的市场网络,在经济一体化方向上迈出了关键的一步,但尚缺少与之相配的政治调节制度以及广泛的民族团结基础。因此,在哈贝马斯看来,欧盟的当务之急,或者说,欧盟最终能

否取得成功，关键取决于能否创立一种全体公民都能积极参与的政治文化，形成同一的欧洲政治公共领域。而欧盟的成功与否，又直接关系着哈贝马斯等人所说的世界公民社会前景。

哈贝马斯在论述民族国家时曾提到过中国。他认为，严格地说，中国到目前为止还不是一个成熟意义上的民族国家，因为它还没有完成从传统的民族认同向现代民族认同的转变，也没有解决公民资格的民主认定问题，更面临着多民族文化认同的建构问题。

第七场演讲也就是最后一场演讲在华东师范大学进行，题目是"再论理论与实践的关系"。在哈贝马斯看来，关于理论与实践的关系，古典哲学两种看法，一种是柏拉图式的，认为理论本身最具有实践性，因为理论的教化过程集"认知"和"救赎"于一体。另一个是亚里士多德式的，认为理论要想获得实践意义，就必须以实践哲学的形态出现。而到了现代哲学（以康德、黑格尔和马克思为代表），自然法理论和历史哲学则用道德政治问题取代了存在的问题，用主观能力取代了客观精神，进而自然法和大革命之间建立了紧密的联系。在理论与实践之间出现断裂和错位的情况下，哈贝马斯提出了"哲学何为"问题。面对哲学的社会功能，哈贝马斯是乐观的，认为哲学在海德格尔、布卢门贝格以及阿佩尔的批判下和在后现代主义者的解构下，依然可以大有作为。按照哈贝马斯的理解，哲学的活动场域应当在生活世界，因为生活世界构成了交往行为主体共同解决日常问题的视界。现代生活世界的分化（文化、社会和个性），向哲学提出了更高的功能要求，哲学不能仅仅满足于解决生活世界某个领域的问题，而应当与生活世界建立起总体性的关系。

哈贝马斯在华演讲，从人权概念讲到民主范畴，再到民族国家，最后落到理论与实践的关系（知识分子的地位），层层推进，其中贯串着的一条主线，就是文化间性背景下的话语政治概念问题。哈贝马斯所作的每场演讲都十分精彩，严谨而不失幽默。尽管由于翻译水平比较悬殊,在各地的演讲效果也有所差别,但都取得了极大的轰动效应:在中国社会科学院和清华大学,由于听众太多,许多人只能在报告厅狭长的走廊上席地而坐;在北京大学和中国人民大学,场面简直可以用人山人海来形容;在复旦大学,面对滚滚人流,校方不得不动用武警维持秩序……这样的场面,这样的效应,说明哈贝马斯的在华演讲,无疑是中西文化交流史上的一件盛事。

三联韬奋图书中心

三、座谈

哈贝马斯对中国有极大的兴趣和关怀,他的中国之行,并不是只想宣讲自己的思想,而且还想通过与中国同行对话,了解中国人当下的生存处境,推断中国的未来。访华期间,他应邀参加了多场座谈会。这里重点介绍他在北京《读书》杂志社和上海世纪出版集团进行座谈的情况。

　　2001 年 4 月 17 日 16：00—18：30，《读书》杂志社在韬奋图书中心咖啡厅邀请哈贝马斯进行座谈。这次座谈会的主持人是黄平，与会人员有：哈贝马斯及其夫人、魏松、黄平、信春鹰、万俊人、秦晖、刘北成、孙歌、张博树、陈燕谷、赵汀阳、李银河、赵彬、曹卫东。

　　在去《读书》杂志社的路上，哈贝马斯曾表示，对于中国，他主要关心的问题有这样几个：一是中国的法律制度问题，即中国当代法律制度与西方法律制度以及中国传统法律制度之间的关系问题；另外一个是中国目前的宗教问题，比如说，中国现在究竟有多少宗教信徒，他们主要信奉哪些宗教，宗教在中国人的日常生活中起着什么样的作用；再者，他想从学术角度了解一下法轮功的情况，因为在德国也有类似于法轮功的教派，如何对待这样的教派，在德国也是一个比较棘手的社会问题；最后就是中国知识界所谓自由派与新左派的论争情况。

　　由于种种原因，在《读书》杂志社举行的座谈会未能紧紧围绕上述问题展开，而是集中讨论了哈贝马斯思想发展过程中的几个问题，如哈贝马斯与福柯之间的争论、哈贝马斯与罗尔斯之间的争论以及所谓的"历史学家之争"等。对于与会学者提出的这些问题，哈贝马斯分别作了细致的回答。座谈会上自由的气氛和活跃的思考，让哈贝马斯觉得有些惊讶。座谈会结束后，在回宾馆的途中，哈贝马斯表示，此次座谈会改变了他对中国的看法，如有可能，他一定会写一本关于中国的著作。当然，哈贝马斯也对座谈会未能形成主题性的讨论表示出淡淡的遗憾。

　　上海世纪出版集团（上海人民出版社）近年来一直着力出版哈贝马斯的著作。2001 年 4 月 25 日晚，应陈昕社长的邀请，哈贝马斯到上海世纪出版集团与有关译者见面，并同在沪的一些中青年学者进行了座谈，主题为"话语政治与民族认同"。座谈会由陈昕主持，参与座谈会的有薛华、张汝伦、张庆熊、许纪霖、洪涛、孙向晨、丁云、施宏俊、曹卫东等。

　　座谈会首先由哈贝马斯作关于话语政治的主题发言。哈贝马斯指出,所谓话语政治,概括起来,就是要在自由主义政治和共和主义政治之间开创出第三条道路,即程序主义的民主模式。在他看来,自由主义过于现实,共和主义又过于理想,两者对时代的诊断都出现了偏失。一些学者认为,哈贝马斯的这种程序主义是一种带有综合或调和色彩的理论,因而对之进行了批评。由于时间关系,哈贝马斯向中国学者提出的唯一问题是如何解释后现代主义在中国的接受现象。复旦大学的张汝伦教授和张庆熊教授分别从经验和规范的角度进行了解答。

　　会后,哈贝马斯表示,尽管京沪两地学者的学术风格不同,兴趣点也不大一样,但在座谈中都是"有备而来","所有问题都是经过深思熟虑的",这点给他留下了很深的印象。

四、离开

　　2001 年 4 月 29 日,哈贝马斯离华回国。

　　哈贝马斯的中国之行除给中国学术界带来极大的影响之外,也留下了一些值得回味的花絮。如许多学者都拿到了哈贝马斯的名片,但却未必知道这是哈贝马斯生平第一次有自己的名片,而且是为访华专门准备的。据他解释,这是吸取了到日本访问的教训。在日访问期间,他发现几乎所有的日本学者都有自己的名片,而他却不得已不厌其烦地一遍又一遍地给别人地址。但在准备名片时,哈贝马斯才发现,自己虽然社会声誉极高,然而却几乎没有什么社会兼职。他觉得总该给自己冠上一些头衔,考虑再三,最后决定在自己的教授职务前面加上一个"Multi",大有"多功能"的意思,倒也符合他跨学科学者的身份。

第十二章　结语

　　哈贝马斯的理论、著作晦涩难懂。这不仅因为其论题的广泛性、语言的抽象性和深奥性,还因为他独创了大量使人无从查找的术语和概念。英国社会学家彼得·威尔比把阅读哈贝马斯的著作之艰难比做"奋力登山"。① 哈贝马斯的这种文风甚至使德国读者也感到不习惯,认为这是他的一大"失误"。②

　　然而,再高深的理论也来源于对现实的思考。

　　心理学的研究表明,人在幼年时的经历对一个人的人格形成有重要影响,同时也影响着其人生观和价值观。哈贝马斯的童年和少年是在纳粹主义教育中度过的,而当其 16 岁时,纳粹垮台带给他的震动、惊醒,使他开始了一生的痛苦反思过程。这不仅使他日后一直保持着对专制、暴政的批判与警惕,也促使他与马克思主义结缘(因为马克思主义的重要使命就是批判资本主义现实)。他在以往的一次回忆中说:"这场经历对于我们这一代人是如此重要,以至于决定了我们的思想。"可以说,这一事件潜藏在哈贝马斯心灵深处,影响着其一生的学术追求和旨向,使他思想中始终带有极为浓重的批判意识。同时,我们也不难理解为什么哈贝马斯会在民主问题上独树一帜。

　　1953 年,哈贝马斯 24 岁,此年发生的"海德格尔事件"又对哈贝马斯的一生产生了潜在而深远的影响。这种影响究竟

---

　　① 见彼得·威尔比:《哈贝马斯与现代国家语言》,载英国《新社会》1979 年第 3 期。

　　② 参见[德]克劳斯·冯·柏伊姆:《当代政治学理论》,李黎译,商务印书馆1990 年版,第 59 页。

有多大,也许是我们所无法想象的。① 不过,可以肯定,这一事件促使哈贝马斯开始思考学术与政治的关系以及学者的政治责任和社会责任问题。这也许能说明为什么哈贝马斯日后会成为一名公共知识分子,而不仅仅是一名学院派学者。哈贝马斯对德国政治生活的影响以及所发表的对世界重大事件的看法,充分说明了这一点。

资本主义国家的现状是促使哈贝马斯进行理论探索的重要源泉。在哈贝马斯看来,当前资本主义社会的最大弊端就是系统对生活世界的侵蚀,即"生活世界的殖民化"。通俗地说,就是权力和金钱已经主宰了那些原本不可以主宰的生活领域,工具理性已经泛滥到把人当成工具的地步。如何拯救生活世界?哈贝马斯提出了主体间性,倡导交往理性和交往行动。他认为,只有使系统重新定位于以交往行动为基础的生活世界之中,才能克服现代资本主义社会的合法性危机。

如何使以语言为媒介、以取得相互理解为目的的交往行动落到实处?哈贝马斯强调程序的关键性作用。由此,他开始关注作为社会规范的法律。然而,法律本身也存在着一个合法性问题。即事实上有效的法律并不一定就是具有合法性的法律。这里,哈贝马斯继承了西方马克思主义法学中关于"强制"与"同意"问题的探讨,认为只有那些产生于权利平等之公民的商谈性意见形成和意志形成过程的法律,才是具有合法性的法律。

法律与民主不可分。在哈贝马斯看来,不仅法律的形成过程离不开民主协商,而且司法过程也要发挥民主协商的作用。司法裁决要具有合理性,就要从独白走向商谈。这里所说的商谈不仅包括由法官所组成的专业共同体内部的商谈,而且还包括当事人双方之间、当事人与法官和陪审员之间通过理想程序进行的商谈。

---

① 曹卫东:《曹卫东讲哈贝马斯》,北京大学出版社 2005 年版,第 51 页。

　　把法律和民主奠定在对话和商谈的基础上,体现出哈贝马斯改造资本主义的意图。然而,正是这一点,使其理论带上"乌托邦"色彩而为人们所诟病。

　　我们承认现实是残酷的,历史的逻辑很多时候是"成者王,败者寇";生活中经常的遭遇是"强权即真理"、"正义是强者的利益";与和平时期相比,人类社会更多时候是流血和战争。不过,我们是不是因为这样就要停止对美好社会的向往与追求了呢?答案显然不是。理想虽然不可能马上转变为现实,但它为人类指明了奋斗的方向,同时也是对现实的批判。特别是当这种理想成为大众的共识时,它就会积极地促使现实向理想迈进。在这个意义上,哈贝马斯的"程序主义法律范式"与马克思的"共产主义社会"有异曲同工之妙。

参考文献

一、中文著作

1. 曹卫东著:《曹卫东讲哈贝马斯》,北京大学出版社 2005 年版。

2. 陈学明著:《永远的马克思》,人民出版社 2006 年版。

3. 陈学明、马拥军著:《走近马克思——苏东剧变后西方四大思想家的思想轨迹》,东方出版社 2002 年版。

4. 高鸿钧等著:《商谈法哲学与民主法治国——〈在事实与规范之间〉阅读》,清华大学出版社 2007 年版。

5. 高鸿钧、马剑银编:《社会理论之法:解读与评析》,清华大学出版社 2006 年版。

6. 黄文艺著:《当代中国法律发展问题研究》,吉林大学出版社 2001 年版。

7. 季乃礼著:《哈贝马斯政治思想研究》,天津人民出版社 2006 年版。

8. 任岳鹏著:《西方马克思主义法学》,法律出版社 2008 年版,

9. 汪行福著:《通向话语民主之路:与哈贝马斯对话》,四川人民出版社 2002 年版。

10. 王晓升著:《哈贝马斯的现代性社会理论》,社会科学文献出版社 2006 年版。

11. 徐崇温主编:《西方马克思主义理论研究》,海南出版社 2000 年版。

12. 余灵灵著:《哈贝马斯传》,河北人民出版社 1998 年版。

13. 严存生主编:《西方法律思想史》,法律出版社 2004 年版。

14. 章国锋著:《关于一个公正世界的"乌托邦"构想——解读哈贝马斯〈交往行为理论〉》,山东人民出版社 2001 年版。

15. 张文显著:《二十世纪西方法哲学思潮研究》,法律出版社

1996 年版。

16. 张向东著:《理性生活方式的重建:哈贝马斯政治哲学研究》,中国社会科学出版社 2007 年版。

17. 朱景文主编:《当代西方后现代法学》,法律出版社 2002 年版。

二、译著

1. [德]哈贝马斯著:《在事实与规范之间——关于法律和民主法治国的商谈理论》,童世骏译,生活·读书·新知三联书店 2003 年版。

2. [德]尤尔根·哈贝马斯著:《包容他者》,曹卫东译,上海人民出版社 2002 年版。

3. [德]尤尔根·哈贝马斯著:《后民族结构》,曹卫东译,上海人民出版社 2002 年版。

4. [德]尤尔根·哈贝马斯著:《重建历史唯物主义》,郭官义译,社会科学文献出版社 2000 年版。

5. [德]哈贝马斯著:《作为"意识形态"的技术与科学》,李黎、郭官义译,学林出版社 1999 年版。

6. [德]哈贝马斯著:《交往与社会进化》,张博树译,重庆出版社 1989 年版。

7. [德]德特勒夫·霍尔斯特著:《哈贝马斯传》,章国锋译,东方出版社 2000 年版。

8. [德]哈贝马斯著:《现代性的地平线——哈贝马斯访谈录》,李安东、段怀清译,上海人民出版社 1997 年版。

9. [德]阿图尔·考夫曼等主编:《当代法哲学和法律理论导论》,郑永流译,中国政法大学出版社 2002 年版。

10. [德]马克斯·韦伯著:《法律社会学》,康乐、简惠美译,台北远流出版事业有限公司 2003 年版。

11. [德]马克斯·韦伯著:《经济与社会》(上卷),林荣远译,商务印书馆 1997 年版。

12. ［德］施太格谬勒著:《当代哲学主流(下)》,王炳文译,商务印书馆1992年版。

13. ［德］克劳斯·冯·柏伊姆著:《当代政治学理论》,李黎译,商务印书馆1990年版。

14. ［德］康德著:《实践理性批判》,关汉运译,商务印书馆1960年版。

15. ［英］佩里·安德森著:《当代西方马克思主义》,余文烈译,东方出版社1989年版。

16. ［美］托马斯·库恩著:《科学革命的结构》,金吾伦、胡新和译,北京大学出版社2003年版。

17. ［美］约翰·罗尔斯著:《政治自由主义》,万俊人译,译林出版社2000版。

18. ［美］诺内特、塞尔兹尼克著:《转变中的法律与社会:迈向回应型法》,张志铭译,中国政法大学出版社1994年版。

19. ［美］马尔库塞著:《爱欲与文明》,黄勇、薛民译,上海译文出版社1987年版。

三、学术期刊论文

1. 郝铁川:"论现代法本质的另一面",载《法商研究》1998年第4期。

2. 王凤才:"哈贝马斯交往行为理论述评",载《理论学刊》2003年9月第5期。

3. 王凤才:"后现代语境中话语伦理学的困境及其意义",载《哲学动态》2005年第2期。

4. 杨松峰:"哈贝马斯的商谈伦理学及其对道德教育的启示",载《中国德育》2007年第2卷第1期。

5. 阳海音:"论哈贝马斯的交往行为合理化理论",载《晋阳学刊》2007年第6期。

6. 姚大志:"何谓正义:罗尔斯与哈贝马斯",载《浙江学刊》2001年第4期。

7. 章国锋:"话语·权力·真理",载《社会科学》2006 年第 2 期。

8. 郑召利:"程序主义的民主模式与商谈伦理的基本原则",载《天津社会科学》2006 年第 6 期。

9. 曾益康:"普遍语用学——哈贝马斯交往行为理论的切入点",载《法制与社会》2008 年第 1 期。

10. [英]安东尼·吉登斯:"没有革命的理性?——论哈贝马斯的交往行动理论",田佑中、文军编译,载《马克思主义与现实》2002 年第 2 期。

11. [德]卢曼:"法律的自我复制及其限制",韩旭译,李猛校,载《北大法律评论》第 2 卷第 2 辑。

12. [德]哈贝马斯:"兽性与人性——一场法律与道德边界上的战争",载《读书》1999 年第 9 期。

四、硕士学位论文

1. 崔娅玲:《批判与回应:关于罗尔斯正义理论的大论战探析》(指导教师:杨君武教授),湖南师范大学 2007 年 6 月。

2. 郝志刚:《试论哈贝马斯的程序主义法律范式》(指导教师:李道军教授),山东大学 2007 年 4 月。

3. 王明文:《哈贝马斯程序主义法律范式述评》(指导教师:黄文艺教授),吉林大学 2006 年 9 月。

4. 张翠松:《哈贝马斯法社会学思想研究》(指导教师:石泰峰教授),中共中央党校 2006 年 6 月。

5. 曾益康:《哈贝马斯的法律商谈论初探》(指导教师:王威教授),西南政法大学 2006 年 4 月。

五、博士学位论文

1. 程德文:《法律的商谈理论——哈贝马斯法哲学思想引论》(指导教师:公丕祥教授),南京师范大学 2003 年 5 月。

2. 夏宏:《哈贝马斯法哲学研究》(指导教师:夏基松教授),浙江大学 2004 年 3 月。

六、英文著作与论文

1. Jurgen Habermas：The Theory of Communicative Action（Volume 1）,Translated by Thomas McCathy,Beacon Press. 1984.

2. Habermas on law and democracy ：critical exchanges. edited by Michel Rosenfeld and Andrew Arato. Berkeley ：University of California Press,1998.

3. Paul Phillips：Mars and Engels on Law and Laws, Totowa, NJ：Barnes & Noble, 1980. Foreword.

4. Niklas Luhmann：A Sociological Theory of Law, London：Routledge&Kegan paul, 1985.

5. Maureen Cain：The Main Themes of Marx's and Engels' Sociology of Law, Marxism and Law, edited by Piers Beirne and Richard Quinney. New York：Wiley,1982

6. Peter Wilby：Habermas and Language of the modern state, New Society, vol. 47, No. 859,22, March 1979.

7. Klaus Eder：Critique of Habermas's Contribution to The Sociology of Law, Law & Society Review, Volume 22, Number 5 （1998）.

后　记

　　很荣幸承担黑龙江大学出版社《西方著名法哲学家丛书》之《哈贝马斯:协商对话的法律》一书的写作任务。

　　本人出身寒门,中师(中等师范学校,俗称小中专)毕业即参加工作。"十年磨一剑",抱着对知识的渴望和改变命运的雄心,在经过十年的半工半读之后,本人有幸进入中国人民大学法学院攻读法理学专业硕士研究生,并由此与法理学、法哲学结缘。

　　两年的硕士生活匆匆而过,然而,刚刚被点燃的学术激情无法就此熄灭,对人大的眷恋也使我无法就此别去,于是,我毅然决然地报考了令我打心底里尊敬的吕世伦教授的博士研究生。承蒙命运之神垂青,我竟然如愿以偿。在吕老的启蒙和指导下,我不仅开始掌握法哲学的 ABC,而且把主要研究领域划定为"西方马克思主义法学"。由此,哈贝马斯和法兰克福学派开始进入我的研究视野并成为我研究内容的一部分。经过两年多的摸索和探求,我写就并出版了《西方马克思主义法学》一书("西方法学思潮与流派"丛书,吕世伦主编,法律出版社2008 年 1 月版),这增强了我的学术自信心,并坚定了自己以学术为业、以法哲学为主攻方向的职业定位。

　　虽然自认为具备从事法哲学研究的性情和能力,然而,通过写作《哈贝马斯:协商对话的法律》,本人深深感觉到了一种挑战和考验。原因很简单,哈氏的思想决不是单面、单线条的,而是多面、多线条的交织和混杂。其理论的宽宏、语言的艰涩,常使我产生捉襟见肘、不知如何下笔之感,以至于完稿日期一拖再拖，最后竟比原初签订的完稿期限晚了半年。这对于一个一向以诚信为本的青年教师来说，绝对是一个刺激，歉意、自责、自勉……种种复杂的情感纠缠着我。然而，即使是这样，我现在也绝对不敢说本书对哈氏理论的介绍有多精准独到，其中一定存在不少错失之处。为此，我一直惴惴不安，祈请读者多多包涵。

在与哈氏"对话"的过程中，我脑中常常思考的一个问题是，为什么中国出不了这样的社会科学大师？是中国人不够聪明吗？我觉得绝对不是。根子还是我们的教育体制和学术体制有问题。其主要表现就是教育产业化和高校的行政化、官僚化。

教育产业化把教育当成一种商品，扭曲了教育的本质。市场经济有使一切变成商品的趋势。教育本来应该是一个国家、民族的事业，说白了就是应该由国家来"埋单"（就其本质来讲，这里不包括民办学校和私立学校）。不幸的是，在市场经济的滚滚大潮中，教育沦落为可以买卖的商品，学校成了企业，教师成了商人，学生成了消费者。当微薄的工资收入把教师逼良为娼，整日在为稻粱谋之时，我们如何要求老师甘坐冷板凳，具有为学术、教育献身的荣誉感和使命感呢？

高校的行政化、官僚化把教师异化为行政权力的奴仆，阉割了大学精神。"官本位"思想在我国根深蒂固，中国目前的教育体制更是强化了这种传统。当教授要对行政管理人员唯唯诺诺、点头哈腰，当教师必须严格按照领导的意志谨慎行事，教师的尊严、地位又如何谈起呢？当学术成为捞取官位的资本，当文章成为吹捧、赞美政策的文章，学术还能是真正的学术吗？当大学变成衙门，其独立精神、批判精神又从何而来呢？

这一切，其实就是哈贝马斯所说的"系统对生活世界的殖民化"，具体来说就是行政系统和经济系统对教育和学术（教育和学术领域应是鼓励不同声音进行平等对话的领域）的殖民化。当教育、高校、知识分子已成为权力与金钱的奴仆时，我们如何奢望中国能够出现真正的大师呢？

　　这不能不让我们反思、求变……

　　最后，我要向我的导师吕世伦先生、师兄徐爱国教授致以最诚挚的谢意！没有他们的无私提携和大力支持，本人可能没有信心完成这部书的写作。同时也非常感谢黑龙江大学出版社的孟庆吉编辑和其他工作人员，没有他们的修剪和斧正，这部书不知要粗糙杂乱多少，甚至可能会贻笑大方。

　　　　　　　　　　　　　　　　　　　任岳鹏

　　　　　2008 年 11 月于天津财经大学教师宿舍